# 起業教育論

## 起業教育プログラムの実践

寺岡 寛 著

信山社

# 農業教育論

# はしがき

時流という感覚はおかしなものだ。それは、人びとに安心感よりもむしろ不安感を醸成させるものかもしれない。わたしたちは「時流」ということばで、自分たちの「立ち位置」を知ろうとする。そして安心しようとする。だが、かえって、わたしたちは不安になる。なぜなら、時流という感覚では、往々にして時代に対する感じ方の複数性が忘れ去られるためだ。とにかく「時流に対応する」という単一性だけが強調される。

「時流」もそうだが、「時代」ということばも便利なものだ。「時代」といってしまえば、何かわかったような気がする。英語表現では、時代というのは「時」を示すtimeを重ねてtimesとなる。語源的にはtide（潮）という古代英語と同源だ。日本語でも「時の流れ」という表現がある。英語にもこのような語感があるらしい。

時の複数形が時代というなら、「時」のあり方としての時代にもさまざまな複数の解釈があってもよい。それが、いつの世も、「いま」という時が「……時代」ということばでその一部が剥ぎ取られてきた。「……時代」というとらえ方は、しばしば先にみた「時流」ということばに転化される。時に流されれば、それは一見楽そうだ。実は流されることもまた楽ではない。

考えてみれば、流されても人間の本性はそう変わるわけではない。人間の本性は生きる者が「いのち」の有限性を知り、心の安寧と社会の安定を願う心の在り処であれば、感性とはその本性を取り巻く自然環境や人の集団的なあり方に対する人びとの感じ方である。そして、「流される」とは、変わらない本性をもつ人間が変りゆく社会などに対応しようとするいじらしいほどの気持のことでもある。ところが、流され方には複数性がある。また、あってよいはずだが、いつの時代でも、人びとは変りゆくものに対応しようとする。しかし、そこには対応しえない面もある。

本書では、人の「こころ」の本性やその流され方とともに、「時代」というものを意識しつつ、ビジネスと教育を扱う。流されなければ不安だし、流されるだけでも不安である。幕末期の草莽の志士のことばに、「流されなければ生きていけない。このために人は丸くなくてはならぬ。だが、流されるだけではつまらない。流されつつもどこかで止まらなければならぬ。『丸い』だけではダメだ。『丸くて角』があることが大事だ。でないと流されるだけだ」という文言があったと記憶する。彼は明治維新を知ることなく世を去ったが、このことばの命はいまも生きている。

ビジネスの世界とは変化の激しいものだ。時流や時代に翻弄される。自分の位置がわからない不安もある。だが、丸くて流されるだけではやがてビジネスも立ち行かなくなる。丸くても角があるビジネスを見据える必要がある。

ビジネスとは何であろうか。字義から解釈すれば、英語の「ビジネス」は「多忙（busy）」ということばから派生した。ビジネスとは、「多忙にしていること」である。なるほど、多忙であれば物事を深く考えないかもしれない。多忙さとは「丸い」ことでもある。

だが、わたしたちはビジネスということばに「多忙」という日本語をあてはしない。通常は「事業」「商売」「仕事」などに置き換えている。それは、「多忙」の「忙」が「心」が「亡ぶ」と解釈されうるからかもしれない。ビジネスとは自ら忙しく立ち回り、周りの人も忙しくさせ、ひたすらおカネの回転を通じて資本を増加するだけのゲームではない、とわたしたち日本人がどこかで考えているからだろう。

神学者で無教会主義者の内村鑑三は、明治初期に留学した米国をいまからすでに一世紀以上まえに「拝金主義の国」と表現している。これは、米国をピューリタン的キリスト教の総本山と思い込んでいた内村の一方的片思いの反動でもあった。しかしながら、内村よりすこし後に米国を訪れたドイツ人のマックス・ウェーバーも、当時、執筆中の『プロテスタンティズムの倫理と資本主義の精神』（一九〇四〜五年に発表）の後半部分を訪米後に完成させて、その中で、米国では、欧州でプロテスタンティズムの倫理観と密接に関連してきた資本主義が遊戯（ゲーム感覚）主義になってきていることを示唆した。

国と滞在期間こそ違え、キリスト教精神に大きな関心を寄せるほぼ同世代の二人はともに、米国型資本主義が遊戯性をもった拝金主義、つまりおカネを儲けること、それ自体が目的化した経済体制でリする。

あることを鋭く剥ぎ取ってみせた。ウェーバーが引用したフランクリンの「時は金なり」はその象徴的表現である。「時は金なり」の精神の先には、多忙＝ビジネス（busy-ness）ということばがピッタ

わたし自身は、「心」が「亡ぶ」ことのないようなビジネスのあり方（＝「角」があること）を本書で探ってみたい。心が亡ぶことのないビジネスを考えることを手助けすることこそがビジネス教育の役割の一つでもある、とわたしは信じている。ゆえに、「ビジネス」をわたしはきわめて広義に解釈したい。詳しくは第二章以下で論じる。

さて、日常生活では、わたしは二つの世代に接している。昼間は主として大学の経営学部で、若い学生たち、つまり、アルバイト以外の実務経験を持たない十代後半から二十歳代前半の若者たちを相手に講義している。夜間はビジネススクール（ＭＢＡ）で中小企業の経営者、大・中堅企業の中間管理職前の年齢層を相手として、起業マネジメントを論じている。

この昼と夜のプログラムの内容の半分ほどは、受講生の年齢差を越え大枠において同じである。わたしのメッセージは、将来、自ら望んで、あるいはやむなく事業を起こすことになったとき、あなたがたはどうするのか、ということである。「自ら望んで」というのは割合にわかりやすい。他方、「やむなく」とは、勤務先企業の倒産や転廃業、あるいは最近では吸収合併などによって、自分の職がなくなる場合の選択である。その場合、他企業に転職するか、あるいは、自らが自らの雇用主となるか、

ということである。

この選択肢の受け取り方は年齢層により異なる。わたしの観察では、若い学生たちの方が慎重だ。ほとんどの学生たちは自分で会社を起こすことなど考えられないという。他方、会社で働いて十数年という社会人層は、もしかすれば、自分でも事業をやるかもしれないという。もっとも、そうでなければ起業マネジメントという科目を選択しなかっただろう。

この違いは年齢という要因以上に、若い学生たちは事業といってもその核となるような専門知識や経験を欠いていることを直感的にわかっていることに起因する。よほどの物好きでなければ、だれもライフジャケット（＝実務知識や職業経験、専門知識など）なしに荒海に漕ぎ出さないだろう。まずは既存組織に入りビジネスとは何か、マネジメントとは何かを経験することのほうが先決というわけである。これは生物的本能でもある。

とはいえ、就職（社）が決まったあとに、その会社に定年まで勤めるのかと問えば、多くの学生たちは「分からない」と答える。この意識の底流には、一九九〇年代半ば以降の中高年層の早期退職や解雇といったリストラが、彼らの意識に入り込んだことがある。若者たちの意識のなかで、就職（＝就社）とその先にあった長期雇用への意識は低下してきた。

社会人の場合、その意識はすこし複線的だ。それを業種、年齢、職位の三次元マトリックスでみれば、不況業種・三〇歳代前半・中間管理職一歩手前の人たちの危機意識は高い。同時に、起業意識も潜在的に高い。だが、同じ不況・停滞業種でも、年齢層が高く職位も上の人たちは必ずしもそうではない。荒波では体力がもたないと思っているのか、まずは操船をうまくやり、荒海にのまれないようにしようとする意識が強い。

また、好調業種でも年齢・職位の高低で意識は異なる。管見でも、二〇歳代の若い社員は模様眺めという感じだ。これからの雇用形態などについて、長期的に見ることができないともいう。中間管理職世代もまた将来を楽観視しているわけではない。仕事を終えてからビジネススクールに通ってくるぐらいである。では一般的にどうかと問われれば、むかしの同世代と比べ、いまの世代の方が雇用などに不安感をもっている。

起業意識の世界ランキング―こうした国際比較調査の方法論に問題があるのだが、これを問わないとして―などが発表されるごとに、日本が先進国中低位であることが報道され、いろいろな識者の意見が付される。本当に日本人の起業家精神は低いのか。そうであれば、昭和三〇年代以降の製造業や商業における、世界的にみても非常に高かった新規開業率は一体何であったのか。それ以前に、そもそも起業家精神あるいは企業家精神とは何か。もし、企業家精神が外部環境によってかなりの程度左右されるとすれば、日本の起業家精神の高揚は、まずは高度経済成長の再現によってしか達成されない。

冒頭の「時代」の話に戻れば、高度成長当時は日本経済にとって復興から拡張へという、需要が供給を引き出した時代であった。いま、同じような条件を作り出すことが可能なのかどうか。ビジネスとは機能論的にいえば、投下資金を商品やサービスに転化し、元の投下資金以上に増殖させることである。したがって、需要こそがビジネスを成立させる。だが、この需要という環境がかつての日本経済と同じではない。また、日本経済と世界経済との連動性も変わった。人びとの本性は一緒でも、環境が変わってきたのだ。

こうしたなかで、ビジネスを教育という観点から探るのが本書である。そして、すこし象徴的なことばでいえば、ビジネスの「丸さ」に「角」をつけることがビジネス教育の基本である。新しいビジネスのあり方はつねに新たな起業家によって創始されてきた。わたしたちには「角」のある起業家が必要なのだ。

最初、本書の書名を『起業教育原論』にしようと考えた。いまどき、「原論」ということばは流行らない。だが、高度成長期、日本の大学の経済学部あたりには「経済（学）原論」という名称の科目があった。いつのころからか、この「原論」という名称は消え去った。

わたし自身、学生のころ「原論」という語感には、なにか日本語のようで日本語でない印象と違和感をもっていた。たとえば、経済（学）原論というのは、英語表現ではThe principles of economicsである。いまでは、英米圏でもこのような題名の著作は減った。以前ではprinciplesで始まる経済学の本も多かった。わたしの手元にも何冊かある。

この"principle"は元来、「始まり」というラテン語に由来する。この語感を大切にすれば、「原論」よりもむしろ「入門論」のほうがよい。にもかかわらず、わたしが原論ということばにこだわったのは、「原論」という語感が「原理」「原則」「原点」の三面等価性を示唆しているからだ。原理、原則、原点を原論ということばに集約できれば、これに越したことはない。だが、原論ではやはり堅い。ゆえに「起業教育論」に落ち着かせた。とはいえ、この「論」には「原論」へのわたしのこうした思いもある。

起業ということでは、日本の高度成長のころ、町工場や商店などを起こした人たちの多くは義務教育だけを終え就職し、何らかの技能を身につけリスク計算をして独立した。そのころは、いわば「低学歴・高熟練」者たちの起業時代であった。いまは違う。圧倒的多数は大学に進学する。大学に進学しなくとも専門・専修学校に進む若者も少なからずいる。

この意味では、「高学歴・低熟練」世代がいまの特徴である。そこで問題となるのは高学歴の中身と、低熟練といった場合の熟練の内容である。若者たちの修学期間が長くなったいま、とりわけ、「高等」教育機関といわれる大学で、どのような知識や経験を身につけることができるのか。そして、それがその後の若者たちの熟練にどのようにつながるのか。このことは、起業教育の原理・原則・原点として論じられてよい。

本書は起業教育論とはいえ、教育だけでなくビジネスそのものも論じている。「人はパンのみにて生きるにあらず」。とはいえ、「人はパンがなければ生きてはいけない」以上、わたしたちは何らかのかたちでビジネスをやらざるをえない。そうであるならば、「心が亡びない」(=「角」がある)より良きかたちでビジネスを一生涯にわたって問いかけ、自省し、学び続け、展開する必要があるのではないか。

夏目漱石は『草枕』でこの「角」について、「知に働けば角が立つ。情に棹(さお)差せば流される。意地を通せば窮屈だ。兎角、人の世は住みにくい」と書いた。いまなら、最初のくだりは、「知に働けば角が立つ。さりとて情報に棹差せば流される」ということになろうか。情報に流されつつも流されず、知に働いても角が立たないような「学び」の基礎を大学教育でいかにプログラムとして組み上げるのかが肝心である。

さらに、「学び」とは学校という時空だけで完結するものでは決してない。社会に出てからもビジネスの実践を通じて、学びを継続することこそが大事だ。そうしたビジネスの実践的プログラムこそ教育上大きな刺激を与えてくれる。そこにもう一つのビジネス教育論があるはずだ。

本書の構成についてふれる。前半ではビジネス教育論のやや抽象的な議論を展開する。ビジネスを花にたとえれば、その根の存在を論じることなしに、花びらや葉っぱを紹介しても、それは花の本質を明らかにしたことにはならない。根を論じることで、花が育つ土壌という環境や微生物の存在を知ることができ、品種改良にも取り組める。

もちろん、根を論じただけではその花を論じたことにもならない。そこで、本書の後半では、実際の起業教育プログラムを論じる。わたしが名古屋大学大学院ビジネススクールや中京大学大学院ビジネススクール（ビジネスイノベーション研究科）、中京大学経営学部などで取り組んできた起業マネジメントプログラムなどでのすこし実践的なやりかたを紹介したい。わたしなりの起業教育プログラム実践編である。やはり花びらがあっての花である。

二〇〇六年一二月

寺岡　寛

# 目次

序章　起業教育私論 …… 1
第一節　大学論 …… 1
大学という場（1）
自由という場（6）
学ぶという知（12）
第二節　起業家論 …… 16
起業家とは（16）
ベンチャー（21）
起業家類型（28）
第三節　教育論 …… 34
教育と学校（34）
教育と個性（43）

教育と起業（52）
第一章　ビジネス教育原論……63
第一節　市場競争論……63
市場と市場（63）
市場と競争（66）
競争と競争（69）
第二節　欲望市場論……71
ヴェブレン（71）
六Eと二B（74）
第三節　金融市場論……82
新資本論（82）
直接金融（86）
間接金融（88）
第四節　労働市場論……92
結果と過程（92）

起業と市場（95）
市場と人材（97）
選択と起業（100）
第二章　起業家精神原論……104
第一節　起業と企業……104
起業と精神（104）
起業と動機（108）
起業と条件（111）
第二節　知識と創造……119
起業リスク（119）
知識と段階（125）
成功と失敗（129）
第三節　創造と価値……137
創造と価値（137）
価値と市場（141）

第三章　起業教育原論……144
第一節　起業教育原理論……144
学びのかたち（144）
松下村塾方式（150）
コーチング論（157）
第二節　起業教育原則論……165
工学部と教育（165）
個性と複眼性（170）
失敗と学び方（175）
学びサイクル（179）
第三節　起業教育原点論……183
自己実現論（183）
言語能力論（188）
公共道徳論（195）
地域貢献論（198）
ゆるやか論（203）

第四章　プログラム作成原論……207
第一節　チーム学習論……207
チーム学習（207）
協働と学習（212）
教室と実験（216）
第二節　具体的学習論……222
革新と核心（222）
頭嵐と方法（225）
発想を学ぶ（230）
時空と共有（237）
第三節　実践的学習論……240
組織と決定論（240）
組織と指導者（245）
モデルと応用（249）
終　章　知識社会と学び……256

あとがき
参考文献
事項索引

# 序章　起業教育私論

## 第一節　大学論

### 大学という場

欧州の中小企業関係の研究会に出席したり、企業調査や集中講義などで出かけたりしている間に、わたしのまわりで“entrepreneurship”（＝「企業家精神」など）ということばが頻繁に交わされるようになった。わたしの記憶では、一九九〇年代半ば前後からではなかったかと思う。

この企業家精神なるものはやがて起業家精神に解釈され、より明示的なかたちで大学教育との関連性が問われるようになった。明示的といったのは、大学のカリキュラムや教育プログラムなどが具体的に論じられるようになったという意味である。背景には高い失業率と高学歴化が併存するようになった欧州社会で教育への期待が強まったことがあった。

いまは、日本もこの流れのなかにある。中小企業の役割や起業の重要性が認識されている。「中小企業論」という講座自身は、世界的にみても日本で長い歴史を有する。だが、「中小企業」ということばが、その実態同様にさほど魅力的な語感をもたないのか、いまは「ベンチャー」が多用される。ベンチャーを日本語に訳せば、「冒険的（投機的）企業」となる。あえてそのように訳さず、ベンチャーを用いることで、従来型と少しちがえば、自営業的サービス業や販売業、飲食業の新しい企業までがベンチャーに等値されたりもする。「ベンチャー」が拡大解釈される。ベンチャーということばのインフレといえなくもない。

日本の大学にも「ベンチャー論」という講座が設けられ、ベンチャー経営者の講演会もよく開催される。すこし前までは、同窓会あたりで「功なり名を遂げた」年配経営者が来てビジネスを説いていたものだ。いまは「功なり」までは年齢を重ねていないものの、名を遂げた人たちが大学でその事業を語れるようになった。

そこには大学なり、また、これを支援している公的機関なりの思惑と狙いもある。ただ、この種の講演会などには、大学がその時間だけを場貸しするだけのなにか大学の現実にそぐわない空気が流れたりする。いわば、置物としてデザイン的にはなかなか良いのだが、なんともすわりが悪いオブジェのような感じだ。この「そぐわなさ」とは何なのか。それは、先に述べた「冒険・投機的企業」と「ベンチャー」という語感のあいだに横たわる日本社会の頑固なあり方そのものかもしれない。

「そぐわなさ」の理由の一端は、当然ながら大学がビジネスに無関心とまでいわなくても、ビジネス以外の世界に興味を持つ人たちの集団であるからでもある。ビジネスに興味をもった人たちは大学に残らず実業界へと進んだはずである。現実には、ビジネス経験と学術の「文武両道」という先生方の数はきわめて少ない。少ないがゆえに、経営者などを外部講師として採用し補完効果を求めるのは当然ともいえる。

だが、最近はこうした講師の内部化もすすんできた。工学部では企業の実務経験をもつ教員はいままでも一定比率を占めていた。いまは経営学部や商学部などでも企業での実務経験をもつ人たちを積極的に採用するようになった。この背景には、大学でのビジネス教育をめぐる需要と供給面の変化があった。

需要面―より実務的な講座への社会的要請の増大。さらには専門職大学院をもつ大学も増え、このために一定数の実務経験者を採用せざるを得なくなった。

供給面―実務家で教鞭を取りたい人の増大。さらには社会人大学院が昼夜開校となり、働きながら修士課程を卒業する実務家も増えた。大学での採用の際の「学識を有する」という条件が形式的に満たされるようになった。

大学教員の資格は教員免許ではなく、文部科学省の規定などに準拠してつぎのように明記されるのが普通である。「教育研究上の能力があると認められ、博士学位などを有し、研究上の業績を有する人。または研究上の業績がそれに準ずると認められる人。芸術・体育などについては特殊の技能に秀で教育の経歴のある人。専攻分野について特に優れた知識及び経験を有する人のいずれかに該当する人」。博士学位の認定数は、従来は医学、工学、農学といった限られた分野で多数を占めた。いまは人文や社会科学などの分野でも著増した。実務家で博士学位などを持つ人はまだ一部である。それでも、修士学位などをもつ、あるいは「それに準ずると認められる」実務家出身の教員が増えた。

この結果、大学院などで純粋な研究者として育てられた教員はいまも多数派を占めるとはいえ、その比重は低下してきた。研究者出身と実務家出身の混合チームが増えてきた。とりわけ、新興の私立大学では後者の比重が高いところもある。日本の大学といえども変わりつつあるのだ。こうしたなかで、大学で「ビジネスを学ぶ」とは何なのかが改めて問われている。

この解答がより明示的となれば、ビジネス教育の場としての大学の可能性は広がる。ただし、そこで提供されるプログラムが単なる実務教育であれば、現場密着型の企業内教育の方が相応しく、効率的でもある。また、それが資格取得教育であれば、受検テクニックのノウハウを蓄積している専門学校がすでに多数ある。

この意味で、わたしは、大学という場合における研究者と実務家という二つの出自の混合性を重視したい。ただし、この両者に絶えざる対話と相互に学ぶ精神がなく、単に並列しているだけではこの組み合わせにはさほどの積極的な意味はない。

混合性とは、この二つの出自をもつ教員のバランスだけではなく、ビジネスに必要な経済的価値と社会的価値のバランス性のことでもある。何でもカネ儲けという経済的価値のみに偏したビジネスには危うさがある。つまり、社会に生活する多くの人たちの共鳴と共感がなければ、そのビジネスは一過性のものであって持続性がない。反対に、社会的価値のみでそこに経済的価値がなければ、それはビジネスとして成立しない。要はバランスである。大学でのビジネス教育とはこのバランスを前提として初めて成立する性格のものだ。

ただし、実務家出身の教員にも問題がないわけではない。現場で培われた経験を知識として伝えるのは案外むずかしい。そこには伝えるための理論的知識の蓄積が重要である。「実務家ネタ三年説」もある。これは実務現場を離れて三年もすれば、学生たちへ生きた知識として伝えていた内容が陳腐化して、その知識が役に立たなくなる、という意味である。それゆえ、「教育研究上の能力がある」という大学教員の基準は大事である。現場経験を教える側は、その現場の持つ「意味」「背景」「論理」などを体系的に把握した上で伝える必要がある。このためには、それは一定水準以上の研究能力に支えられなければならない。

「意味」「背景」「論理」という視点はビジネスの歴史だけでなく、歴史そのものを理解するための三本柱である。すべてのことには歴史がある。大学の使命の一つは、正しくそうした歴史を伝えることである。ビジネス教育においてもしかりである。「新しい」事象とされることの多くは案外、過去において繰り返されてきた。このことをきちんと整理し、若い世代に伝えることが重要である。最近は大学によっては経営史などの講座をおかないところもある。いかがなものか。中国人作家の巴金のことばに「過去を忘れなければ未来の主人となれる」という箴言がある。このことばのもつ意味はいまも深くて大きい。

回顧的な歴史趣味ではなく、現代、そして未来を強く意識することにおいて歴史は生きたものとなる。大学のビジネス教育においても、「理論」「歴史」「現場」が三本柱を形成する。

## 自由という場

大学での「ベンチャー」講座の目的は、聴講生からベンチャーを起こす人材を輩出させることにあり、また、「ベンチャー」受容する社会的規範の普及にある。だが、笑い話のようなはなしもある。

あるベンチャー経営者が母校に講演を依頼された。彼のまわりには、学長や学部長など大学の幹部たちが勢ぞろいした。彼は、創業後、苦労を重ね成功を遂げたことを語った。最後に、「わたしの大学時代、教授たちの講義が退屈でよくサボった。大学なんてつまらない。さっさと辞めて事業を自分でやってみるほうが得策」と威勢のいい発言をした。

聴講学生の一人は、「リスクが高くて苦労するベンチャーだったら、やっぱり一部上場企業、できれば公益事業、あるいは役所のような安定した職場が一番だよ」とつぶやく。隣の友人が「そうだな。だって、ベンチャーをやるような学生ならさっさと大学に見切りをつけているか、サボってこんな講演に出てこないよ」と答える。

はなしはここで終わらない。講演のあと、学長と学部長の会話がつづく。「あれじゃ。大学サボりのすすめだな。大学をサボればベンチャーの経営者になれるなら、簡単なはなしだ。これじゃ、怠け学生の言い訳に『俺はベンチャーを目指しているから』と使われそうな感じがする。今度は講義をサボらずに、ベンチャー経営者となった卒業生を探す必要がある。」

このような会話はどこかの大学でいまも交わされているのではないだろうか。大学とはベンチャー経営者だけをつくる場ではない。それぞれの分野の職業人や技術者、芸術家や政治家、そして教養ある市民をつくる場でもある。これは大学人の平均的かつ常識的な意見である。ここらあたりで、すこし、企業経営者たちの大学論も紹介しておく必要がある。

いまから十数年前であろうか。ある上場企業の会長が母校の同窓会誌に、新入生に対し「大学で何を学ぶべきか」というメッセージを寄せていた。彼はつぎのように書いていた。「わたしは昭和三〇年代半ばに大学を卒業して、メーカーに就職した。大卒でいえば、同期は六〇数名だった。高卒はこの三～四倍であったろうか。……ところが、わたしの同期で役員となった連中は大卒で数名だった。高卒では皆無であった」。彼は、すこし大学時代の思い出話に脱線したあとで、役員と学歴との関係についてつぎのように解釈してみせた。

「優秀さからすれば、大卒が決して優秀であったわけではない。むしろ、学校時代の成績からすれば高卒の方の優秀であったろう。……そのころは日本が敗戦から復興へと豊かになりつつあった。それでも父親が戦死したりして困窮家庭の同級生も多かった。むしろ、親孝行のため成績が良かった連中の方が高校を出てすぐに一流メーカーなどに勤めたものだ。たまたま、わたしなどは、成績が平凡でも授業料が何とか払えたから大学へ進学したようなものだった。」たしかに、昭和三〇年代半ばといえば、衣食住のうちようやく衣食が足り、住宅と教育に関心が移りつつあった。だが、所得格差も大きかったころだ。さらに彼は続けて書いている。

「高卒の場合は、半年間ほど社内の学校でいろいろなことを学ばされる。他方、大卒も社内の研修会などで教育を受ける。いまになって思えば、この効果が高卒と大卒では異なったような気がする。大卒の場合、わたしだってそんなに真面目に勉強したわけではなかった。全国各地からやってきた同級生たちと時には講義をサボったり、人並みにクラブ活動や雀荘に行ったりしていた。こうした付き合いで、いろいろな見方が養われた。こうした『自由』を味わった大学生というのは、物事を批判的にとらえるものだ。商品や販売企画にはこうした視点が重要なのだ。だが、高卒の人たちはこうした自由を味わっていない分、会社への適応も早い。反面、決められた枠からなかなか出られないのかもしれない。」

彼は高卒と大卒との相違を成績ではなく、「型にはまる」「型にはまらない」という尺度で述べている。彼は役員には「型にはまらない」視野の広い人材が必要であると示唆したかったのだろう。つまり、学生という社会的に認知された身分で、四年間という自由な時間―むろん、これ以上大学に留まる学生もいるが―を与えられることが大切であることを強調した。

実は同じことを造船関連機械メーカーの役員から聞かされた。二〇数年前の造船不況のころだ。わたしは造船不況について企業側からの見方を知りたくて、営業担当役員にインタビューをお願いし、数週間後、この会社を訪れた。

後にわかったことだ。この企業は大幅な受注減のなかで経営に行き詰まり、主力銀行に経営支援を求めたものの、追加融資が認められず万策が尽き、会社更生法を適用する寸前だった。わたし自身、玄関前で殺気立った雰囲気を感じた。夕方六時頃だったろうか。まだ夏で、明るかったことを記憶する。受付で来訪の意を告げたが、肝心の役員が見つからず、役員室で二〇分ほど待たされた。

現われた役員は、「万策尽きて明日にでもなれば当社の実状も新聞にも出るだろう。会社がどのようにして行き詰るのか、あなたの勉強になることなら何でも聞いてもらっていいから」といって、いろいろな書類にも目を通すことを許してくれた。後にも先にも、わたしはこうした経験をしたことがない。最後の三〇分ほどは、社員の配置転換による打開策のはなしとなった。彼は言った。

「不況でつくっても売れない。だったら、技術者や作業員を、営業部隊に配置転換して販売促進をかけようということになった。それまであまり感じていなかったのだが、現場作業員や技術者でも高卒で優秀な方ほど営業などにうまく適応できなかった。この点、大卒の方が自分なりに本などを読み、いろいろな人に意見を聞いて短期間で営業のやり方をつかんでくれたような気がした。大学での四年間というのは自由な時間を与えられて、自分なりに勉強するコツみたいなものをつかむ機会かもしれませんね。」

二人の大学論に共通する鍵用語は「自由」だ。この「自由」が、型にはまらず柔軟な対応ができる人材の育成に必要であり、自由に学べる場というのが大学ということになる。

この二人の企業人のはなしを一般化することができるのかどうか。現在は、学歴以上にかなりの個人差もある。彼らが思い浮かべた大学のイメージは、五人に一人も進学していないころに固定されたものだ。いまは、三人に一人が進学する「マス教育」の水準もはるかに超え、二人に一人という「普通（ユニバーサル）教育」となった。

土木学者で放送大学長の丹羽憲仁は、「ユニバーサルといえばちょっと聞こえはよいが、何のことはない普通教育ということである。少数精鋭の時代のように基礎をたたき込んでおけば、自ら課題に応じて対応を展開することの出来る学生を期待するなど、夢のまた夢である」と批判的な見解を述べる（メディア教育センター『広報誌』）。丹羽は、大学教育がエリートからマス、さらにユニバーサルとなるに従い、学力の低下が進行したとみる。

この場合、学力を何で測るかという問題がある。学力そのものは静態的でなく動態的であり、それは社会の要請によって変わる。学力が古典読解力などであれば、いまの学生の力の低下は疑うまでもない。しかし、この種の議論は、明治期以来「いまの帝大生は……」というかたちで繰り返されてきた。また、駅弁大学といわれるほどに、私学を中心に大学が急増した高度成長期でも、「いまのマスプロ学生は……」という論議は盛んであった。

むろん、日本だけでなく米国でも、一九八〇年代には大学生の文章作成能力の低下がビジネス雑誌あたりでも論じられた。また、ドイツやフィンランドでも、議会で学力低下などが取り上げられたりしている。この問題を大学生に対する一斉テストを行い客観的なデータによって論じたとしても、基準となる学力そのものがあいまいであるかぎり、結論は明確ではない。たとえば、技術教育では学力といっても、技術進歩が急速な分野であるほど、過去において蓄積した能力の陳腐化は早く、皮肉にも習熟者たちのほうが新しい技術体系への対応力が低い。学力の内容そのものを多様なものと理解して、ユニバーサル化した大学での学力論を展開するほうがより現実的であろう。

すくなくとも、大学の普通教育化は大学で学ぶ「自由」を得た若者の比重の高まりを示すことだけはたしかである。ただし、「自由」だけ与えられても、「学ぶ力」がなければ「自由」は「不自由」に転化する。もし、「自由」ということであれば、大学で学ぶ「自由」もあれば、大学で学ばない「自由」もある。さらに、大学以外で学ぶ「自由」もある。二人の企業人が自由に学ぶ場としての大学を持ち上げてくれたが、その後、次節でも取り上げるように、パソコンやインターネットの普及による情報化という大きな変化もあった。情報を得るということが「学ぶ」ことであるなら、大学以外で学べる自由のほうがはるかに拡大してきている。わたしたちは、ビジネス教育の場として大学だけではなく、教育のあり方から大学の役割そのものを再考しておく必要がある。

学ぶという知

この十数年来、教える側の役割と機能が変わってきた。この結果、教わる方の意識も変わってきた。背景には、教員が長期間保持してきた「競争力」基盤の沈下がある。この場合の競争力とは情報優位性のことである。さらには、インターネットと検索ソフトの普及がそれを推し進めてきた、とわたしは強く思う。

教員の情報優位性とは大学院などでの研究を通じて、指導教授から「伝授」された情報収集方法と情報の長年にわたる蓄積から来たものであった。たとえば、理論についてはどのような研究者のどのような著作を読めばよいのか。統計については、どのような官庁のどのような統計書を見ればよいのか。これらを時間節約的に知るには、研究生活を長く送った教授などの指導が有効であり、図書館というう膨大なデータベースの検索先導役が教授などの役割であった。この意味での情報優位性とは、より正確には情報アクセス力ということになる。

現在、この情報アクセス力に関するかぎり、きわめて特殊な専門分野を除き、教員たちの優位性はかなり崩れ去った。あらゆる情報がデジタル化され、インターネット上のパソコン画面を通じ「閲覧」できるようになった。現在、必要なのは検索のための鍵用語の入力である。入力すれば、瞬時にして情報源一覧がパソコン画面上に表示される。あとは、この情報源から、必要と判断される情報―その真偽を見定める能力は別として―を選び出せばよい。

「学び」が単なる情報源の発見とそこへのアクセスであれば、必要なのはパソコン、通信回線、そして検索ソフトである。基礎学力としてネット上の言語を読む力があれば、自ら必要とする情報が得られる保障もない以上、わざわざ大学へ出かけ講義などから情報を得る必要性はない。パソコンによるパーソナルな学びが好きな時間と好きな場所で可能となった。最近では、文字情報だけでなく、動画や音楽などもパソコン画面で見たり、聞いたりすることもできる。

必然、学生たちの発表や卒業論文などの作成方法と内容も変化した。いままでは、学生たちが図書館などで参考文献を探し出しそれらを十分に読み込み、統計を探し図表を作成し発表することなど少なくなった。学生がすることは、まず、インターネットによる検索である。こうして作成される「知」の先にあるのは、サイトからの「貼り付け」によって得た情報の並列的な並び替えと平板な叙述である。ここでは、以前のような「書き写し」―この過程を通じて学ぶことも多かった―という習作的作業による学習効果もまた低下した。

パソコン普及による情報入手の手軽さと即決性は、テレビ画面を次から次へと変えられるリモコン操作を想起させる。図書館などにわざわざ出かけ、カードを検索し、暗い書庫を徘徊するような面倒もなくなった。パソコン上で自分がイメージする情報に行き当たるまでの時間はおどろくほどに短い。しかし、この短さこそが、実は情報を知識へと昇華させる障害ともなっている。このことは忘れられがちだ。

この場合の「知識」とは情報判断の基礎となる「知」そのものである。この「知」とは、情報を「探す」「集める」「選択する」「分析する」ことで形成される一つの判断基準のことである。この獲得には「迷い」「間違い」「無駄」「気づき」という行為の循環を必要とする。この循環によって養われるべき「知」とは経験知のことにほかならない。「探す」「集める」「選択する」「分析する」というそれぞれの「学び」段階には、試行錯誤という一定の経験時間が不可欠である。この時間こそが知の形成に重要な役割を果たす。

これを意識しておかなければ、単なる情報収集がなかなか「知」の獲得には直結しない。米国の心理学者バリー・シュバルツは『選択のパラドックス』で、情報過多とは情報過少と同じであると説く。彼は、情報を集めれば集めるほど、選択肢が拡大し正しい意思決定ができないことを豊富な事例から指摘する。もちろん、だからといって、情報を集める必要がないということではない。シュバルツは、情報を選択する必要があると主張しているのだ。

そして、情報選択には「知」の獲得が必要なのである。この場合の「知」には二重性がある。すなわち、情報集積としての「知」と知識集積としての「知」である。より本質的に重要なのは後者のほうである。コンピュータでいえば、前者がメモリーで、後者が演算回路である。野中郁次郎らは、「知」とは「問題意識（＝思い）」「直接経験から得られた信念」「より本質的な問いかけ」によって生み出されるものと見る。この意味での「知」を、わたしなりに整理するとつぎのようになる。

①知とは、情報が生み出された「経過」を知ろうとする能力である。情報は「結果」であり、物事というのは情報と情報との「関係性」の中で成立する。

②知とは、したがって、物事の成立過程などの関係性や文脈性を類推することなどで得られる知識体系である。

③知とは、直接体験などを通じ情報の本質性を問い続けることである。情報はそのままでは情報であるが、自らの体験などを通じ実践性を意識することで生きた知識体系となる。

このような知のあり方は、わたしたちに「学ぶとは何か」の本質を示している。教育で重要視されるべきは、単なる情報の移転行為ではなく、学ぶ行為と知を育てる環境が整えられているかどうかである。さらに、「学び」の三要素として「驚き」「気づき」「思い」ということが重要である。これらは、「知」の三要素ともいえる「経過」「結果」「関係（＝文脈）」に呼応する。

①驚き―「結果」への問いかけ（＝「なぜ、そうなったのか」）があって初めて発見がある。この発見こそが「驚き」であり、「学び」のモーメントとなる。

②気づき―「驚き」は「結果」に至るまでの「経過」への着目に結びつき、そこでの「関係（＝

文脈)」を明らかにすることで「気づき」が生まれる。

③　思い―「驚き」と「気づき」は、自らの力で新たな結果を生み出したいという「思い」を促す。

この「思い」がやがて「行い」につながる。

人は驚き、気づき、そして思いをもつ。思いをもつことで知への意識が生まれ、やがて学ぶことの重要性に気づく。教育プログラムでは、「驚き」「気づき」「思い」という過程が循環的に展開される必要がある。

## 第二節　起業家論

### 起業家とは

どのビジネスが「ベンチャー」で、どのビジネスが「ベンチャーでない」かはまずは問わないでおこう。それがベンチャー(=冒険的)であるかどうかにかかわらず、ビジネスにはつねにリスクが伴う。ビジネスとはそういうものだ。

では、ビジネスは起業家とどのように結びつくのか。起業家とは自分でビジネスを始め、継続しようという人たちのことだ。起業ということばは、農商務官僚の前田正名が中心となって編纂した『興業意見』(明治一四[一八八四]年)にも散見できる。このなかで、企業を起こすことが「起業」であって、この起業の累積が産業を興す「興業」であることが説かれる。このように、「起業」という日本語は決して昨日今日できたことばではない。業を起こすことは明治期どころか、その前にもあった。ゆえに、起業家論もむかしから展開されてきた。いまより、はるかに制約のあるなかで、事業が起こされてきた。そうした先達たちのはなしは魅力的であるが、ここでは昨今のはなしについてみておく。

フリージャーナリストの斎藤貴男は『起業家に会いにゆく』で、「ベンチャー企業の経営者にはいかがわしい人物も少なくない」ともいわれるなかで、二五人ほどの日本人起業家を取り上げる。そのうちの何人かは、わたしも会ったことがある人たちだ。斎藤は、こうした起業家に共通する何かとは彼らの主体的自律性の高さではないか、という。

「経歴も起業に至る経緯も各人各様。思想信条、趣味嗜好、当然のことながら、一枚岩などではあり得ない。彼ら自身も時代の子である。……時代の風に乗るか抗うか、いずれにせよ何物にも服従せず主体的自律的に生き、自らの道を切りひらいていったという点が、同じ風にともすればただ翻弄されがちな私たち凡人とは決定的に異なっている。思想信条では異なる点がままあったとしても、私はこの一点についてだけ、一人の人間として、彼らに共感することができる。」

わたし自身もいままでに多くの経営者に会ってきた。その中には大企業や中堅企業の経営者もいるが、わたし個人として強い印象を持ったのは自ら起業し一代でそれなりの企業を築いた創業者たちである。彼らの意識を貫くのは、斎藤のいう強烈なまでの「主体的自律性」である。だれに頼まれたわけでも命じられたわけでもない。ましてや、政府や公的機関から「世のため人のため」と持ち上げられたわけでもない。そこには、「個人」としての強い思いと自我がある。

斎藤が起業家に会い記録した強烈な個性の光ることばには、主体的自律的な個人のあり方がよく現われている。すこし紹介しておく。

(一) 試作用プリント基板の超短期納入システムを確立させた経営者（当時五〇歳）――「会社に人生を決められて唯々諾々と従う大企業サラリーマンの気持が、私には奇異に映るんです。……皆さん、能ある鷹がつめを隠しっぱなしのまま年をとっていかれるので、私などは助かる。そう、私にも良いところがあったとすれば、自分の人生は自分で切りひらくものだと早い時期に気づき、実際、人様より早いスタートを切ったことかな。」

(二) 学生寮や社員寮などの管理システムを確立させた経営者（同五五歳）――「いいかい、事業を起こす際、この商売は儲かりそうだから、なんていう理由で始めたものは、まず一〇〇％ダメだ。昔も今も変らない。事業とは、すなわちその人間の生きざまなんです。それをどう表わすかが重要なんだよ。」

(三) 車の板金塗装と中古車販売からオリジナルカー製作を立ち上げた経営者（同六三歳）――「コンプレックス……ですね。子どもの頃から体が小さくて細くて運動が苦手。胃腸も弱い。大学に行こうと思えば行けたのに、勉強が嫌いだったので学歴もない。子どもの頃は意識しなかったけど、社会に出てみてよく分かりました。仕事でも、板金屋、中古車販売屋と、どこか一段低く見られるところがあった。男同士で向き合った時、負けてなるものかという気持になるのはそのためです。男前でいい体をもらって、いい大学を出ていたら、そんな気持にはならなかったと思うんだ。」

㈣　本物志向の国際的レストラン・チェーンの経営者（同五二歳）——「人間てね。背中を見せて逃げてばかりいると、周りからバカにされるようになって、自分自身が嫌になるんです。どうせ最後は焼かれて終わるんだから、一度きりの人生に必要なのは、セルフリスペクト、自分自身を尊敬できるかどうかに尽きる。これがなくならない限り、人は失敗しようとどうしようと、楽しく生き続けることができるんです。」

ここで留意しておくべきは、こうした個別ケースは一般化できないことだ。起業家になるには勉強嫌いや運動嫌いになる必要もない。また、貧困家庭に生まれることも、高校のドロップアウト、暴走族、大学受験での挫折、離婚、フリーター、勤め先企業の倒産も必要でない。斎藤が紹介する起業家たちのなかには、こうした経験の末にビジネスに行き着いた人たちもいる。だが、同時に裕福な家庭に育ち、国内外の一流大学を卒業し、米国大学院のＭＢＡを得て、世界的企業や金融機関での経験をもった末に自ら飛び出し、新たなビジネスを思いついた人たちもいる。起業にいたるまでの経緯などは百人百様である。

要するに、彼らに共通するのは、強烈なまでの「自分らしさ」の追及。すなわち、個人の自律・自立性（＝個性）をビジネスという場で発揮したいという思いの強さである。そのように願う「こころ」の重さこそが、「起業家精神」である。これが芸術家であれば芸術家精神。学術という研究分野であれば「研究者精神」ということになる。

ただし、芸術家精神や研究者精神と起業家精神が異なるのは、「自分らしさ」を追及する上で、ビジネス上のリスクを抱え込む点である。起業家精神の底流にある「自分らしさ」とは、意思決定における自律・自立性のことでもある。わたしが個人的によく知る創業者たちは、起業時もそしていまも、投下資金の多寡によるリスクの大小はあるが、毎日が意思決定の連続であるという。

こうした起業家精神はビジネスにおいてもっとも必要である。その本能は実際にはだれでも潜在的にもっているものである、とわたしは思う。実際にその人が自ら事業を起こすかどうかに関係なく、人はたった一回の自分という人生の最高意思決定責任者である。このように考えると、いろいろな人生の側面で起業家精神がわたしたちには重要であることに気づく。同時に、起業家への社会的評価といった基準もより自然なかたちで形成されていくにちがいない、と確信する。

ベンチャー

「ビジネス」ということばは中立的概念である。だが、「ベンチャー」にはどこかに「強い」精神と行動を含むような語感が潜む。また、ベンチャーには「中小企業」とも異なる響きがある。「中小企業」には「既存」「停滞」あるいは「衰退」という語感がしばしば付きまとう。他方、ベンチャーには「新規」や「成長」という対照的な語感がある。

ベンチャーということばは、一九七〇年代に登場した。米国の産業や企業の常なる観察者である日本の政策官僚や研究者たちが、日本に先行した米国企業のある種の形態（new venture）をとりあえず「ベンチャー」として紹介した。それが結果的に定着した。以降、このことばの実態への当てはめと、望ましいとされる米国的企業形態の模倣をめざす政策的意図のなかで、日本のベンチャー研究や支援が行われてきた。必然、ベンチャーの国際比較において米国という基軸の占める割合はいまも依然として高い。

ベンチャーの実態といったが、ベンチャーということばが登場する以前に、この種の事業体が日本社会に全く存在しなかったわけではない。古くは明治期の政商とは異なる新興企業群の創設者の事業がそうであった。大正期から昭和戦前期にかけては、豊田佐吉や松下幸之助たちが、また、戦後においては本田宗一郎や井深大・盛田昭夫などが、こうした企業を創設した。

ベンチャーが真に「冒険的起業」あるいは「投機的起業」であれば、起業から企業へと継続的に成長する可能性は必ずしも高いものではなかったろう。とりわけ、研究開発系あるいは技術開発系企業であればそうである。その意味で、ベンチャーであったが、ベンチャー（冒険的・投機的）ではなかった。ゆえに、彼らの事業は世界的企業へと成長しえた。ベンチャーとはやっかいなことばだ。

ところで、松下幸之助や本田宗一郎といういまでは古典となったベンチャーといまのベンチャーに共通する課題を問えば、その一つはスタートアップ期にだれがその資金の面倒を見たのかという点だ。これには通常、英単語の頭文字をとって四つの「F」がある。すなわち、①自己（Founder）資金、②血縁者（Family）からの援助、③友人・知人（Friends）からの援助、④物好き（Fools）からの出資、である。

昔は、④の物好きとは取引先であったり、学校の恩師などであったりした。いまは、これは機関化してベンチャー・キャピタリスト—Foolとはいわれたくはないだろうが—であるのが通常である。あるいはベンチャーなどで若くして成功して、多額の現金資産をもつビジネス・エンジェルまたはインフォーマル・インベスターと呼ばれる人たちのことであったりもする。

いま、日本にベンチャーが少ないとすれば、やる気のある起業者がいても、自己資金が少ないか、血縁者が援助してくれないか、友人・知人が冷たいか、あるいは物好きが少ないか、ということになる。わたしなどは、これらの要件については昔のほうが当っていたように思える。だとすれば、ベンチャー・キャピタリストという物好きが日本ではまだ少ないことになる。

技術系ベンチャー起業支援の経験のある五十嵐伸吾は、「日本のスタートアップスの現状」という論稿で、日本のベンチャー起業の成功率がきわめて低いと現状を分析している。そして、その原因の一つとしてベンチャー・キャピタル（ＶＣ）の問題性を指摘して、日本のベンチャー・キャピタル会社のベンチャー・キャピタルらしくない投資行動を問題視する（『一橋ビジネスレビュー』二〇〇五年夏号）。五十嵐はいう。

「日本のＶＣのうち、全体の四分の三は銀行、証券会社および保険会社の子会社であった。大手金融機関の子会社のＶＣでは、給与所得者である社員が投資に関する意思決定を下している。定額の給与を受け取っている彼らにとって、リスクを冒すインセンティブは何もない。さらに、ゼネラリスト志向の日本の大企業は社員を異なる部署に定期的に異動させるため、ほとんどの社員はＶＣ子会社で数年働いた後、別の部署に異動することになる。……スタートアップスが成功する確率は低い。しかも、失敗が必ず先行し、成功は遅れてやってくる。短期間でＶＣ子会社で成果を残すことは難しく、一方で、ＶＣ子会社で巨額の投資失敗など、目立つ失敗をすれば、今後の自らのキャリアに大きな傷がつきかねない。このため、社員はできるだけリスクを最小限に押さえ込む行動をとる。」

「定額の給与」者によるリスク回避という観点からすれば、定額給与を受け取っているからこそリスクを冒せるとも考えられる。にもかかわらず、彼らがそうでないとすれば、それは、彼らのリスク感覚というよりもリスクそのものの中身が米国などのベンチャー・キャピタリストと異なっていることになる。つまり、米国のベンチャー・キャピタリストの「社会的」評価がハイリスク・ハイリターン型起業の発掘と投資収益率の高さであるのに対し、日本のベンチャー・キャピタリストの「社内的」評価ではミドルリスク・ミドルリターンあたりでなんとか株式公開にもっていくことが求められているというのである。

背景には、日本の企業文化、特に社内評価のあり方と失敗をめぐる日本の社会的―あるいは会社的―価値観そのものがある。要するに、ハイリスク・ハイリターン型の投資で失敗すれば、自分自身が本社にリターンできなくなる可能性が高いと、サラリーマン型のベンチャー・キャピタリストは判断する。つまり、投資における「ハイリスク・ハイリターン」＝自分の将来的な処遇における「ハイリスク・ノーリターン」というわけである。

五十嵐の指摘から、わたしは二人のベンチャー・キャピタリストの「生き方」を思い浮かべる。一人は日本人で日本の金融機関から米国シリコンバレーでベンチャー・キャピタリストに転じ、いまは日本のベンチャーファンド・マネジャーとなっている人である。彼の持論はこうだ。

「ベンチャー投資にはリスクがあり、投資するかどうかの判断はむずかしい。……技術的に最高峰であってあたりまえ。経営的センスがあってあたりまえ。単なる技術バカでマーケティングにも興味がなく、財務感覚も全くない人は論外。ネットワーク力のある人。開発や市場開拓で困ったとき、打開を図るための人脈ネットワークがない人も論外。」

では、この三点、すなわち、研究開発などでの才能、経営センス—これは財務諸表やキャッシュフロー表を専門家のように作成できるという実務能力のことではない—、そして人脈というネットワーク力が投資の判断の決め手になるのかといえば、彼はこれを必要最低条件であるという。この三点が整った上で、最後の決め手についてはつぎのように述べる。

「最後は起業家の人柄でしょう。その時は失敗しても、つぎに成功するかもしれない。失敗しても引き続き付き合っていけるかどうかです。だれも失敗しようとして事業を起こすわけではない。わたしたちだって、失敗させようと思って投資を決定するわけではない。成功しようとして失敗する。先端技術の世界では、予想しないこともよく起こる。すばらしい技術を開発しても、それがいまの市場ニーズにあっているかどうかです。市場への導入が早くても、遅くても失敗する。失敗してもへこたれない人。失敗しても再起できる人。失敗したあとも、わたしたちが尊敬して付き合っていける人柄をもった人が大事なのです。」

もう一人は米国人で、フィンランドなど北欧諸国で活躍するベンチャー・キャピタリストだ。彼もまた先にみた三点を肯定する。「才能ある人が失敗するのを見ることほどつらいことはない。だから、過去はともかく、失敗させないように支援して、投資を行うのが僕の考えだ」という。彼とはいつもヘルシンキで会い、多忙な中、北欧諸国でのベンチャー企業の状況など教えてもらった。わたしのインタビュー中でも彼の携帯電話にはひっきりなしに連絡やメールが入る。誠実な彼は済まなそうに何回か席を中座して通話する。やがて携帯電話の電源を切って対応してくれるのが常だった。

彼自身はフィンランドやスウェーデンのＩＴ関係などのベンチャー・ファンドのマネジャーであり、インタビューに応じてもらっていた四年間ほどで、彼の会社はより快適な事務所へと三度変わった。いうまでもなく、これは彼のベンチャー・キャピタル会社の成功を物語る。彼のビジネスは、急成長の可能性のあるビジネスプラン段階の潜在的起業家あるいは創業間もない企業を見つけ出し、その成長を促し、出来る限り三年以内に株式市場に上場、あるいは売却することで、投下資本を最大限に膨らませることである。ここでは正に、資本が資本を生み出す。

彼自身、あるいは彼の会社は、そう多くの新規企業に投資を行っているわけではない。反面、一件あたりの投資額は大きく、単独ではなく、他のベンチャー・キャピタルと協同で投資を行う。ただし、シンジケート型投資といってもそれほど多くのベンチャー・キャピタル会社が関わっているわけではない。

三〇歳代の彼の仕事振りは実質的に二四時間体制のようなものだ。この理由は、技術開発分野におけるスタートアップ期の難しさに起因する。この点について聞いてみた。彼はいう。

「先ほど電話があっただろう。あれは携帯関係のソフトを開発しているスタートアップしたばかりの起業家からのものだ。ソフトをどのようにして市場に浸透させるかの費用計算についての相談だ。すぐにコンサルティング会社に電話して明日一番に支援チームを行かせるように手配した。スタートアップの面倒をみるというのは、こんなのものだ。自分の投資先からは毎日ひっきりなしに電話がかかる。技術的な隘路があるという相談があれば、工業大学の研究者に電話を入れ、アドバイスを頼む。毎日がこんなことの連続だ。……」

日本のサラリーマン型ベンチャー・キャピタリストは「細く長く生きる」組織人である。これに対して、こちらの方は「太く短く生きる」競技者のようである。それだけに成功報酬も大きい。しかし、こうした業界で長く「投資」を続け踏みとどまるのは大変だ。ある一時期にベンチャー・キャピタリストとして成功した後、この経験や資金をベースに何か別のビジネスを始めたり、投資先の役員になったりする人もみられる。いまは、投資先企業のうち五社ほどの役員を兼任する彼自身も、四〇歳をこえてベンチャー・キャピタリストの現役プレーヤーとして体力・知力・気力を維持できるかどうかである。

日本のベンチャー・キャピタルのリスク回避行動は、五十嵐によれば「小規模な投資を数多く行うこと」であり、「投資先が分散しているため、日本のベンチャー・キャピタルがどこか一社のスタートアップスに深くかかわることは少ない」。このために、日本のベンチャー・キャピタルは、スタートアップ期の経営危機などの際に同様の投資を行っている多数のベンチャー・キャピタル他社との調整というやっかいな問題を抱え込む。こうした投資側のリスク回避行動が、ベンチャー側に「大きなリスク」を抱える込ませることになっていると、五十嵐は指摘し、つぎのような問題点を挙げる。

「小口分散投資を行うことでスタートアップスに必要な資金調達を行う際に、より多数のVCとの交渉を行う必要が出てくる。……投資決定後も多数のVCとのコミュニケーションが必要となる。また、追加投資が必要となった際には、そのつど、たくさんのVCが足並みを揃えるのを辛抱強く待たなければならない。……スタートアップスが事業に集中できる時間を無駄にし、あるいは、機動的にVCから資金調達を得る機会を失うことで、それだけ失敗のリスクは高まるのである。」

起業家とは組織からはみ出る（＝スピンオフ）エネルギーを豊満に抱え、はみ出ることでさらにエネルギーを蓄積し、自らの個性をビジネス分野に押し出す個性の強い自律・自立的な人たちである。だが、これらの個性豊かな人たちが投資家の没個性的な組織を相手にもがくことになる。皮肉といえば皮肉だ。ビジネスにはつねにこの「個人と組織」という問題がつきまとう。

## 起業家類型

スタートアップ後に成功も失敗も経験した起業家。これを支援したベンチャー・キャピタリストたちが日本社会においてそれなりの社会層を為したとき、先にみた個人と組織との関係も変わるだろう。だが、それにはまだ時間が必要である。

ベンチャー企業が店頭市場にすでに上場したケースについては、それなりの資料が利用できる。だが、スタートアップの悪戦苦闘期にあるベンチャーの実態については、ベンチャー・キャピタル会社がそれぞれの投資先についてつかんでいても、これを統合して全体像を描けるデータが整備されているわけではない。

こうしたなかで、前述の五十嵐は、自らの知見や米国研究者の調査結果などから日本の技術系起業家像を「大学の理系学部を卒業して、大手企業に就職し主に製品開発の職務に従事。就職企業に継続して勤務するか、一回の転職を経験した後、卒業後二〇年近く勤務した後に起業を行っている。……約八割が起業の経験を持たない。企業内でプロジェクトチームのオペレーションに携わることで、起業を疑似体験するのは可能であるが、この経験をもつ経営者もごく限られたものである」と描き、つぎのように特徴付けてみせる。

(一)「呪縛開放」型―「日本人起業家の関心は、官僚主義的な支配や安定した仕事、定期的な給与などの呪縛から解放されることに向いており、新技術や優れた商品、社会的名声や金銭的報酬などには惹かれていない。」

(二)「快適人生追求」型―「日本の起業家は、自らが快適な人生を送れるように会社を設立するケースが多い。その場合、投資家に会社の支配権を渡したくないと考えるのが一般的だ。」

この起業家像をどのようにみるかである。技術系ベンチャーのスタートアップ期の実態を知ることは容易ではない。わたしの場合は工学部卒ということで、同級生、先輩や後輩が技術系企業にすすんだ割合が圧倒的に高い。わたしが学んだバイオ（生化学）系研究室の同窓会を組織したときに、大学院卒を含む卒業生約六〇〇人のデータを整理した。勤め先企業からスピンオフして起業した人たちがどの程度出てくるのかをここ一〇年間ばかり追ってきた。結論的には、実際にスタートアップ期にあった人たちは母数六〇〇人のうち数人であった。このうち、定年退職よりかなり前に、技術的先端分野―自営的サービス業や下請的創業は除く―でスピンオフした人でわたしが接しえたのは二人であり、あとの数人はいわゆる退職後に起業した人たちである。これがバイオではなく、電子工学や機械工学の分野であればスタートアップ率はもう少し高いかもしれない。

わたしのデータベースでは観察対象母数が少ないので、バイオ関係で知人や友人のネットワークに頼んで、数人にインタビューを行ってみた。五十嵐の対象とした母数二七一社とは比べようもない少数事例だが、個人的な事情にもかなり突っ込んだインタビューが可能であった。その際に、個々人のケースがどれほどの一般性をもつのかについて位置づけをしてもらった。とりわけ、バイオなど先端部門になれば必ずしも大きな世界ではない。むしろ狭い中で互いに技術開発の進展を探りながら自社の開発を進めるような世界である。この意味では、技術開発そのものの内容について詳しくは聞けないが、「同業」者などの社会的な出自についてはかなり的確な情報が得られた。

わたしなりの結論からいえば、年代層によって起業家のビジネス観は異なる。先にみた「呪縛解放型」と「快適人生追求型」は重なり合う。これは五〇歳以上の起業家層に共通する。すなわち、技術者として、大企業や中堅企業の官僚主義—正確には民僚主義—に嫌気がさして、起業したケースである。彼らには、ベンチャー・キャピタルから積極的に投資をしてもらって上場を望むという意識は必ずしも強くなく、外部投資家に会社の支配権を委ねたくないという意識も強い。

他方、三〇歳代や四〇歳代前半の起業家たちには大学教員—兼務を含む—や中堅企業以上からのスピンオフ組もみられ、複数のベンチャー・キャピタルから出資を受けている。特に医薬品候補化合物など創薬分野では新規企業といえども、彼らの資本規模は大きい。常に精度が上がり続ける分析・測定機器の整備・更新に加え、治験・臨床試験の前段階の実験費に多額の投資を強いられるからである。これら多額投資の回収と追加投資には、最終製品の販売などに先行して、未公開株式の上場によるいわゆる資本利得（キャピタル・ゲイン）が必要である。こうした起業家は、投資資本の巨大さゆえに成長志向が強いため、会社支配権への意識も異なって当然である。先の型には当てはまらない、いわば専門領域における「自己実現型」といってよい。

ここらあたりで、わたしのベンチャー観と起業家類型を明らかにしておく必要があろう。詳細は第二章で展開するとして、さしあたってはつぎのように整理しておきたい。第一に、「ベンチャー」とはリスクの高い事業分野や事業形態での創業のことである。ここでいう「リスク」とは、ベンチャーの製品やサービスが未だ市場で認知されておらず、市場化までに投資資本や費用が回収されないままに埋没することで生じる事業継続の困難性を意味する。

また、ベンチャーの事業分野とは、先端技術分野だけを意味しない。むしろ重要であるのは市場化が未発達な分野である。未発達なゆえに、その市場が成長すれば、そこで先行的に創業したベンチャーもその成長性にシンクロすることができる。ベンチャーの第二の特性としては、潜在的な市場の成長性に直目して、実際にその成長性を享受するビジネス形態であることがあげられる。

さらに、ベンチャーはその急成長性ゆえに、稼業や家業という「わたしの会社（自営業意識）」や、多少成長した「わたしたちの会社（＝中小企業）」とは異なり、株式公開による「あなたがたの会社」を目指す事業形態のことである。テレビ番組の「ベンチャー特集」で、その経営者の生活ぶりが自宅、別荘、高級乗用車、クルーザー――それらはしばしば会社の保有という個人資産であるが――とともに紹介されることもある。これらの企業はいわば「わたしのための会社」という稼業（＝個人的蓄財の一形態、あるいは家産ビジネスの一形態）であって、社会的公開性への意識は必ずしも高いとはいえない。ベンチャーとは創業者個人の資産の成長性以上に、雇用創出、売上額、利益額などで成長性が高くなければならない。

ところで、いまは会社設立の法規制が緩和された。株式会社あるいは合同会社、あるいは組合というかたちでの起業が日本でも容易になってきた。大企業などの定年退職者が自宅開業で技術系企業を立ち上げる事例も増えた。この種の企業がその技術的専門性の高さゆえにベンチャーとして紹介される。これもまた自営業的創業であり、必ずしもベンチャーとはいえない。しかし、こうした退職後創業自営業者が会社員時代のネットワークを活用して、元の同僚や取引先などとゆるやかな社会的分業連合を組んで小回りのあるビジネスを展開している。こうした事例は、これからのシニアビジネスの一つの方向性を示してはいる。

ベンチャーの高成長性とは事前に計算され、その冒険的なビジネスのやり方に見合った高報酬（ハイリターン）のことでもある。それゆえ、多くのベンチャー経営者が成功要因として市場開拓の重要性を指摘する。ベンチャーの多くが首都圏において創業されていることは、人口の集中する首都圏市場がリスク低減効果をもつことを示唆する。とはいえ、独創的な技術や革新的なアイデアは中央だけに生まれるとは限らず、地方でも出てくる可能性はある。むしろ、地方のもつ「辺境性」ゆえに、ベンチャーは日本の首都圏などを通り越し世界へとつながるグローカル—グローバルとローカルを結合させた造語—なビジネス形態を生むことも考えられる。

こうしてみると、ベンチャーとは「呪縛解放」型や「快適人生追及」型であろうと、その意識において、稼業や家業を超えようとする「高成長型」ビジネスを目指す事業形態ということになろう。

# 第三節　教育論

## 教育と学校

教育の本質が何であれ、日常風景としての教育は「読み・書き・そろばん・行儀作法」という社会で生きていくための技能の移転である。日本で武士層だけでなく、「読み・書き・そろばん」が広く農民・町民層まで普及し始めたのは江戸期であった。商品経済の発達がこうした技能を必要とする人びとの社会層を拡大させた。農民とて庄屋との交渉などのため、文書を理解し、計算しなければ日常生活に支障をきたすようになった。必然、私塾や寺子屋が増えた。

他方、商品（貨幣）経済は、米と土地という実物経済に基礎をおく江戸封建制に大きな影響を与えた。藩経済は困窮し、武士といえども自藩の経済苦境克服のため殖産興業、治水、農地開発などで数学を駆使する必要があった。江戸期の和算の発達はこのことも反映している。しばしば、明治期以降の日本の西欧模倣的な急速的発展のみが奇跡的なものと強調されたりするが、これに先行して、江戸期に日本なりの「読み・書き・そろばん」という教育制度の普及があった。

「読み・書き・そろばん・行儀作法」は家庭などでも教えうるが、それは、学校という場を通し国家が深く関わることで普及した。教育と学校との歴史的関係を見れば、学校は単なる「読み・書き・

そろばん」という技能の伝授の場である以上に、国家の強い意志がそこに働く。各国近代史でこの関係をとらえれば、学校とは「国民」という統一意識の醸成の時空であった。とりわけ、戦争や内乱による国境変更で「国」の地理的範囲が変わり続け、ようやく統一国家が形成された欧州諸国ではそうであった。欧米植民地となったアジアやアフリカ諸国でも、三百余の藩という小国から成り立っていた日本も同様であった。

これらの地域では、年代は異なっても、近代国家形成において教育と学校が不可分に結びついていた。近代国家は国民意識という精神の重りを必要とし、そのためには統一的「国民言語」の普及が不可欠であった。その最適の場が学校であった。統一言語による「読み・書き」の普及には国家が関わる学校という装置が必要であった。

そして、「読み・書き」以上に、国家が教育に関わる上で重視したのは「行儀作法」であったといってよい。この行儀作法を家庭内規範という狭い範囲を超え、統一近代国家の「国民」としての社会的規範にまで昇華させる必要があった。共通世代、共通言語、共通テキスト、共通時空で共通の社会的規範を効率的に作り上げるには、軍隊などをのぞけば学校ほど適したところはない。

当初、学校への帰属時間は短いものであったが、やがて長期化してきた。その変化は国家の経済発展とリンクした。日本で初等教育が国民教育として国民全般に普及するのは明治後期であった。中等教育そして高等教育―大学だけでなく、高等商業や医学専門学校なども含め―が普及し始めるのは、日本経済の伸張著しかった大正期であった。この時期は中等教育機関、そして高等教育機関の卒業生が従来の官庁などから広く産業界へと進み、それなりの経済的成果を手にし始めた頃でもあった。官立大学が官僚養成の面で大きな役割を果たしつつも、私学がやや自立的な動きを見せ始め、学生市場がようやく形成されてきた。需要があれば、供給が成り立つものだ。

また、投入資金と生涯所得との比率を組み込んだ教育投資関数から見て、教育を受けることが経済的にも十分に採算が合い始めた。その結果、日本の入試競争は明治期後半から活発になり、大正期に過熱し始めた。大学の数は官立だけでなく、大学令によって私学を中心に増加した。教育学者の天野郁夫は、『大学―試練の時代―』でこの時期の変化を「サラリーマン養成所」という視角からつぎのように位置づける。

「一九〇〇年代、つまり明治三〇年代の後半から四〇年代にかけまして、日本の私学はそれまでの法学中心から商学中心へと、急速に変わって行きます。……この時期になりますと次々に商学部を作り、それが経営の中心になっていきます。学生数の点でも、商学部がもっとも多数の学生をもつようになります。……キリスト教系の私学も商学部を持つことなしには、大学への昇格をはたすことができなかったわけです。この時期にはまた、官立の高等商業学校もたくさん作られました。つまり大学のサラリーマン養成所化が、アメリカに少し遅れて日本でも起こったのです。」

この時期から半世紀の時を経た。現在、日本の四年制大学、短期大学、高等専門学校は、合わせて一三〇〇校をすこし切る。四年制大学の学生数は約二五一万人―このうち夜間部学生数は九万人余―である。専攻別では経済・経営・商学・法学などの社会科学分野が三八パーセントともっとも多く、三人に一人以上の割合である。ついで理工学・農学の二四パーセント。三番手が人文科学の一七パーセントである。

社会科学や理工学などの学生割合が高いことは、日本の大学が実学志向であることを示唆する。だが、天野はいまからおよそ二〇年前に書いた前掲書で、社会科学系学部教育を念頭におき日本の大学像をつぎのように批判的に描いた。

㈠　教育に熱心でない「何もしてくれない大学」―「日本の大学教育そのものも、留学生からみると問題をはらんでいます。……あまり実用的なことは教えてくれない。企業の教育訓練が大学教育の弱さを補っているわけで、日本の学生は、その恩恵にあずかることができますが、……文科系の学部では、大学の先生たちが学生の自主性を尊重するだけで、教え方や訓練の仕方に、十分な配慮を払っていない。教育に不熱心だ。」

㈡　マス教育と学生の質―「マス化が進んできますと、あまり勉強したくない学生、何を勉強したらいいのか分からない学生も、どんどん大学に入ってくる……マス化の先進国であるアメリカはそれとは全く違って、いわば学生性悪説で、学生というのは放っておいたら勉強しない、勉強させないとだめだと考えています。……日本の大学はこの点では、……問題を十分に検討しないまま、マス化をおし進めてきた……何を教育するのかという議論が、もっと真剣にされるべきでは」なかったのか。

㈢「教育か研究か」あるいは「教育も研究も」—「大学の教授たちは、最先端の第一線の研究者でもあったわけです。しかし、いまは必ずしもそうではない。研究活動の宿り場は、大きく大学の外に広がりつつあります。……研究という点だけでいえば、大学の先生たちは、いわば教育というハンディを背負わされた立場におかれ、……教員は大学と大学院の両方の教育をしなければならない。」

㈣学生人口の減少と影響—日本より早く大学間の生き残り競争が始まった米国の実情を踏まえ、「アメリカの大学では、職業中心主義の蔓延が問題になっていまして、これまでリベラル・アーツ的、教養教育的な性格が強かった学部段階の教育に、どんどん実務的な教育が入ってきています。……役に立つ、パンのための学問を学生が求めるようになり、それに大学側も迎合する……大学倒産が起こる一方で、学生が消費者として強い力をもち、大学の提供するサービスをあれこれ選択するという事態が起こっている……優秀な学生を集め、可能な限り優秀な教師を集めて、最高度の学問を研究し、教育をする。……実際の大学は……それとは逆の方向にすすみ始めたわけです。学生のコンシューマリズムがもっと支配的になれば、さらにその方向が強まるに違いない。」

二〇年前のこの指摘が日本で全くの杞憂に終わったのか、あるいは、的確であったのか。㈠については、学生のコンシューマリズムは高まった。わたしの世代からすれば、いまの大学は「至れり尽くせり」とまでいかなくとも「至れり」となった。㈡のマス化はさらにすすんだ。ただし、これについては学力そのものをどのようにみるかである。受験生数と大学数との需給ギャップがなくなり、大学が需要過多になればだれでも入れる大学も出現する。要は、学力不足の卒業生を労働市場がどのように判断するかである。いずれにせよ、この問題は循環的に学力とは何かという問題の始点に行き着く。㈢は大学教員が今もかかえる古典的課題である。㈣については、㈠にも関連して資格対策講座、就職セミナーなどが導入され、この方向が強まった。

ここで世界の流れをみておくと、この四つの問題は決して日本だけの課題ではなかったことがわかる。ただし、日本では「大学」といえばみんな大学である点が違っている。わたしが集中講義などで訪れ、垣間見た欧州などの取り組み状況を紹介しておこう。次のように整理できる。

① 大学の選択性の拡大―いわゆるアカデミックな「大学」と実務教育を重視した「高等専門学校」、さらには「大学院」という三つの選択の並列。
② マス教育から継続教育へ―入学試験に関わる競争的学力から「学び続ける」基礎学力への視点転換。

③　「教育と研究」というジレンマよりも「大学の開放化」へ――「産」・「学」という大学と企業の分離から連携という関係への移行。

④　生涯教育と大学―人の学ぶ必要性に応じたサイクル的教育機関としての大学の登場。

①については大学にそれぞれの特徴があってよい。欧州あたりで柔軟な取り組みをやっているのは、伝統ある大学よりもビジネスや情報技術など職業教育に熱心な高等専門学校（いわゆるポリテクニックや、ドイツのファッホシューレ）である。こうした学校では、理論的なプログラムと実務家による指導をうまく組み合わせた教育プログラムの開発と実践が行われている。

大学の方は実務教育を大学院で行うようになった。現実には研究を主とするような傾向が未だに強い。この意味では、大学と高等専門学校という棲み分けは当然であり、学生は自らの職業意識において選択すればよい。この点、日本も、大学と専門・専修学校との棲み分けだけでなく、大学間でもうすこし多様な棲み分けがあってもよい。

ところで、学生の学力低下については、日本のみならず欧州の大学関係者などが首肯する。だが、その基準となる「教養主義」などのあり方そのものが、いまの時代において必ずしも明示的ではない。いつの時代でも「いまの若者」論が展開されてきた。そこでしばしば問題とされるのが「学力」なのか、あるいは「能力」そのものなのか。むかしもいまも、若者の能力についてはそう変わっているわけではない。問題があるとすれば、こうした能力を引き出す適切な教育プログラムのあり方ではないだろうか。

②と④については、教育とは人が必要に応じて受けることのできるものであり、その意味で、大学もまた一定年齢層の若者だけが特定期間に学ぶ場ではなく、学び続ける人にも開放される必要がある。成人教育あるいは生涯教育が日本でも重視されるべきである。わたしの狭い経験でも、オーストラリアや米国の大学では、教壇から眺める受講生の年齢範囲は広い。学力は入試基準という視点からだけでなく、「学び続ける」基礎学力という視点からもとらえておいてよい。

そして、③に関してだが、「パンのための学問」が必要とはいえ、大学については単に実務知識の移転や、より実践的な職業教育の実施という面だけを重視すべきではない。先端的研究成果の教育への還元があってはじめて、「考える知性」が大学で養われる。この点で、大学の教員が研究ばかりで教育を軽視していいわけではない。教えることを前提としない研究は、「知の社会化」をもたらさない。

教育と研究はとりわけ理工や医・薬学分野で、産学連携の形で、知の事業化あるいは知の市場化を進めてきた。だが、この種の連携が大学の民間企業化という面で利潤や効率だけに結びつくとすれば、その先にあるのは「知の荒廃」でしかない。

米国ハーバード大学で長く学長を務めたデレック・ボックは、産学連携の必要性を認めた上で企業原理の大学への浸透について警鐘を鳴らす。

「大学は大学運営の効率を上げるために企業のやり方を導入しようとすることにも注意深くな

らなくてはならない。……効率というのは大学の本業である教育や研究では必ずしも有用な指針ではない。……ジェームズ・ワトソンは『本当の創造力をかきたてるには、たるみというものが必要である』と言っている。利潤極大化もやはり大学における意思決定の適切な指標としては問題がある。（中略）企業は大学の研究に一九八〇年以来、積極的に関わるようになった。バイ・ドール法のような議会からの働きかけとバイオテクノロジー産業の突然の誕生によって、企業から大学への研究資金提供や、生命科学の教授と関心のある企業との契約が急増した。……より問題なのは、企業からの資金は大学の研究活動を基礎科学からすぐに経済的利益のあがる応用目的の問題解決に大きくシフトさせてしまうことだろう。」

ボック教授の指摘は、大学の研究開発やこれに関連する教育、ビジネス教育のあり方にも多くの示唆を与えている。ビジネス教育がその商品やサービスの経済的価値（＝市場価値）だけを教えるものであれば、これほど単純なはなしはない。だが、ビジネスが多くの人によってその有用性を認められ、その社会的価値が支持されなければ、それは一過性のもので持続性をもたない。はなしをビジネス教育に限っても、人びとや社会の多様性を学び、そのものの社会的価値を問わずして、大学教育は成立しない。

## 教育と個性

教育に関する多くの著作は、“education”ということばが「引き出す」「導き出す」というラテン語に語源をもつことから、「人間の持つ能力を導き出す」ことを強調する。つまり、教育の本質とは、何がしかの能力をもつ人たちがその能力を発揮できるように手助けすることにある、というわけである。

それでは、「能力」とは何であろうか。大学など上級学校への進学率がまだ高くなかった時期には、能力という概念は極めて緩やかで多様に解釈されていた。大学へ進学する人には「学力」という能力が求められ、大学に進学しなかった人たちは商店に入り「商才」という能力を発揮もできた。また、町工場に入って「技能」という能力を身につけ、将来独立することもできた。それが、進学率の上昇によって大学教育の大衆化が進展し始めると、能力ということばから実社会に出てからの職業能力が抜け落ち、まずは学力という単一基準に収束していった。

そして、誰もが大学や専門・専修学校へ行くいま、若者たちにとっての能力とは入試基準という学力に一元化されると同時に、「個性」あるいは「自分らしさ」という主観的な価値基準に滑り込んだ。教育の大衆化に呼応するように、日本の教育政策も個性重視主義へと変化していった。一九八四年の臨時教育審議会は答申で「これまで我が国の教育の根深い病弊である画一性、硬直性、閉鎖性、非国際性を打破して、個人の尊厳、個性の尊重、自由・自律、自己責任の原則、すなわち個性重視の原則を確立することである」と、従来の画一的な学力基準を見直すべきとした上で「個性重視の原則」を打ち出した。

その後、教育現場では「個性重視の原則」に基づいた試行錯誤が始まる。だが、この場合の「個性」というのは果たして自明なものだったろうか。個性とは元来きわめて主観的なものなのだ。社会学者の土井隆義は、「答申」以後の学校での変化をつぎのようにとらえる。

「『すべての子どもの学力を一律に伸ばす』政策から、『できる子どもとできない子どもの能力の違いを認める』政策への転換を意味していた。子ども全体の平均点を上げることをあきらめ、それぞれの個性に応じた教育を模索しはじめたのである。子どもの個性を重視し、各自に見合った教育を提供しようというこの政策は、たんに大戦後の平等主義政策に対するアンチテーゼにとどまらず、大戦前から一貫して続いてきたわが国の立身出世主義に対して大きな見直しを迫るものであった。一九九〇年代に入ると、それまでの学力重視はさらに見直され、かわって『生きる力』の育成がクローズアップされるようになる。」

しかし、学力の一律的向上に対する「あきらめ」は学校で実行されても、親たちは決してあきらめたわけではなかった。でなければ、その後の塾や家庭教師派遣ビジネスの興隆はなかったであろう。やがて、学力という能力は塾で、個性という能力はクラブ活動や文化活動などもある学校でというような社会的分業が成立していった。さらに高等教育では、会社に入るための学力である「学歴」は大学で、働くための学力である「資格」は専門学校でという社会的分業も成立していくことになる。問題は「個性重視の原則」を唱える以前に、「個性」の内容そのものが明示的ではなかったことであった。「生きる力」あるいは「心」を個性といってみても、「個性」ということばが曲者なのである。

土井は「形式論理としての個性重視教育」について、つぎのように問題を整理する。

(一)　個性という新たな一元的な物差しの登場―「いまや個性とは、教育課程で期待され、要請されるアスピレーション化……社会的に望ましい人間となるには、社会的に賞揚される特定の枠組みにそって、無理にでも『個性的な自分』を発現していかねばならない。しかも、その社会に賞揚される特定の枠組みとは何かについても、自らが主体的に考えていかねばならない。……むしろ『個性』という一元的な物差しによって人びとの序列化をもたらす。」

(二)　個性というこころの教育と達成基準のあいまい化―「具体的な知識や技能の伝達でなく、……『心の教育』には、従来のように客観的で外在的な物差しが存在しない。『生きる力の獲得』や『各自の個性重視』といった目標には、いったいどんな課題をどこまで達成したらよいのか。その明確な評価基準もその判断材料もない。……自らの内発的な感性や生理的な感覚を意見の基礎に置くようになった生徒たちは、既成の知識を軽視する傾向に走りやすく、積極的に学力を身につけようという気力を失ってしまうからである。」

(三)　心の時代の下での教師・生徒関係の大きな変化―「従来、教師と生徒の関係は、裸の人間どうしが付き合う関係ではなく、それぞれが教師と生徒という役割を演じることをつうじて構築される儀礼的で公的な関係であった。……『心の教育』の導入とともに、生徒たちによるストレートな自己表出が学校内で許容されるようになると、学校は段々と私的空間の延長へと変貌していく。……教師と生徒の関係にも、『感覚の共同体』が期待され、教師がひとりの裸の人間として生徒と接するようになると、その教師の指導は急速に強制力を失っていく。……役割演技の関係が崩壊した結果、学校空間における従来の公的性格は、私的領域によって侵食され、その容貌を大きく変えはじめている。」

「画一教育＝知識の詰め込み」と批判された時代、生徒たちは学校と教師の役割を一日のある一定の「公的」領域と割り切って考えることができた。個性の確立などはきわめて主観的、個人的であり、家庭や地域を含めた「私的」領域の問題であった。それは、学校という公的領域で形成されるのではなく、放課後の「遊び」「付き合い」「いたずら」「寄り道」などを通じて個別に確立されるべきものと暗黙裡に考えられていた。

そうした個性という個人の「心」の私的領域までが、公的領域という学校教育の一環となり、この中で育った生徒たちが大学生となったときに、大学までがこの問題に直面するようになった。その典型が、きわめて早期化した就職「指導」である。「フリーター」や「ニート」の問題は、労働市場の構造的問題に起因している面が強いにもかかわらず、こうした若年層を生み出す要因を若者の就業意識という「こころ」の問題に矮小化しすぎている。現代の若者にみる「職探し（自分探し）」＝個性が未確立とされ、就職前指導講座がいろいろと開催されるようになった。

背景には、一八歳世代人口の減少による大学間競争の激化や、それぞれの大学の生き残りのための思惑もある。「就職に強い」大学として、就職「指導」を学生募集のための売りものとするところもある。こうして大学もまた個性という個々人の「こころ」という私的空間へ入り始めた。

だが、大学時代の三〜四年間で「どのような職業が自分に向いているか」といった答えがすぐに見つかるのであろうか。就職講座で繰り返される「就職観の獲得＝個性の確立」という図式は、しばしば若者たちを落胆させ、あせらせ、不安にさせる。そして皮肉にも「自分探し」の旅を早々と放棄させる。個性の確立や自分探しは、わたしたちが一生をかけて試行錯誤し、継続して行うものではないだろうか。

他方、「学問」という中心点で教員と学生とが儀礼的に向き合っていた関係は崩壊し、大学はテーマパーク化した。今日の大学では、「入場者である学生は、パビリオン（＝いろいろな講義）とコンパニオン（＝教員）を見定めて面白そうなところへ入る。出口には感想などを聞くアンケート用紙（＝授業評価）が置いてある」とは、言い過ぎであろうか。。

テーマパーク化した大学では、「必修」課目群は減少し、自分たちの興味（＝個性）にそって何でも選択できる「自由選択」科目群が強調される。多くの大学で、卒業単位数の引き下げと並行して、学生の多様なニーズ（＝個性）を強調して「必修科目の減少と選択科目の大幅な増加」、あるいはゼミナールなどでの卒業論文作成の選択性というプログラムが導入されてきた。だが、本来は自由に選択できる「力」を獲得するには、不自由でも必ず選択しなければならない基礎学力を養う科目群があるべきである。だれも筋力トレーニングやランニングなどの基礎体力を養うことなしにいきなり運動はしないだろう。

わたし自身は、ここ十数年来、日本の大学生たちの起業意識や学習意識調査の目的もあり、勤務校以外の実情を知りたくて、「小人仕事を選ばず」と非常勤講師の依頼はことごとく引き受けてきた。その結果、旧帝大系、旧商科大学系の公立大学、老舗私立大学での講義や定期試験、受講生との対話やその後の継続的な付き合いを通じてつぎの問題点がわかった。

①　どのような分野を先行するにせよ、まずは知の歴史体系を学ぶことが学問の基礎であるとすれば、この基礎には一定の「言語」能力の習得が不可欠である。これは単にことばということではなく、人類の膨大な知の蓄積というデータベースを開くための鍵であり、いまならさしずめパスワードとなるであろう。経済学であればそれらはアダム・スミス以来、積み重ねられてきた経済学の分析概念や手法などであるといってよい。このためには、系統的に専門科目をとり、自由に科目を選択できる基礎学力が必要である。いまは自由選択の拡大ということで、選択するという行為に必要な知識が不足してきている。

② 科目選択の幅が広がり、いまでは学部の壁を越え、あるいは科目群の壁を越え、学生たちは自由に科目を選択できるようになった。これ自体はすばらしいことである。では、現実に学生たちはどのような科目選択をするのであろうか。たとえば、特定曜日に集中して選択し、他の日はもっぱらアルバイトに当てるような学生もいる。必然、相互に関連のない科目群を曜日だけで選択する学生も多い。あるいは、いわゆる「楽勝科目」を中心に無作為に選択する学生も、むかしと同様にいまも一定数いる。これでは系統的な知の移転は困難であろう。取るべき科目を取り、その上ではじめて選択できる本当の自由が確保できる。基礎理論を知らずして、応用問題が解けるだろうか。

③ 現実において系統的な科目選択をしない学生がいる以上、こうした基礎を教える教員側の教え方は、いまの学生の現状を強く意識して模索されなければならない。講義は学会発表ではない。大学の講義においては「いま（＝現状）とむかし（＝歴史）」「理論と事例」を結びつける工夫が一層必要となっている。

学生コンシューマリズムが「いま・すぐ・どこでも」というテレビショッピング的な要求であったとしても、学問上の方法論や理論という言語を学ぶことはすぐに役立つことにつながる保証はない。だが、人類の知として形成されてきた学問体系を学ぶことは、たとえ「いま・すぐ・どこでも」という即効性をもたなくても将来において大きな意味をもつ。

いまからおよそ二四〇〇年まえに書かれたプラトンの『国家論』は、人間と教育の本質を時を越えていまに伝える。プラトンはこの中で洞窟の男を通じて教育とは何かを鋭く問いかける。「洞窟の男」とは生まれながらに洞窟に閉じ込め縛られた囚人であり、頭の後ろに燃える火が映し出した自らの影に覚える存在である。プラトンのいう囚人とは実際に獄に繋がれた人たちのことではない。ここでいう囚人は、場合によっては教育、世間体、マスコミの報道などに翻弄されるわたしたち自身のことかもしれない。

プラトンは、つぎのような対話を通じて、教育が、本質＝真実を知ろうとすることへの手助けであることを説く（藤沢令夫訳）。

「そのような状態に置かれた囚人たちは、自分自身やお互いどうしについて、自分たちの正面にある洞窟の一部に火で投影される影のほかに、何か別のものを見たことがあると君は思うかね？」

＊

「もし一生涯、頭を動かすことができないように強制されているとしたら、どうしてそのようなことがありえましょう。」

＊

「こうして、このような囚人たちは……あらゆる側面において、ただもっぱらさまざまの器物の影だけを、真実のものと認めることになるだろう。……あるとき縛めを解かれたとしよう。そして急に立ち上がって首をめぐらすようにと、また歩いて火の光のほうを仰ぎ見るようにと、強制されるとしよう。そういったことをするのは、彼にとって、どれもこれも苦痛であろうし、以前には影だけを見ていたものの実物を見ようとしても、目がくらんでよく見定めることができないだろう。……もし誰かが彼をその地下の住いから、粗く急な登り道を力ずくで引っぱって行って、太陽の光の中へと引き出すまでは放さないとしたら、彼は苦しがって、引っぱって行かれるのを嫌がり、そして太陽の光のもとまでやってくると、目はぎらぎらとした輝きでいっぱいになって、いまは真実であると語られるものを何ひとつとして、見ることができないのではなかろうか？」

プラトンの喩えはわたしたちに大事なことを示唆している。それは、現実をそのまま直視する重要性である。古典などいまは流行らないかもしれないが、歴史を超え生き残った古典にはそれなりの力がいまもある。ただし、古典はある程度の学問的＝言語的トレーニングなしには読めない。それには、高い専門性をもった教員の指導が必要であり、大学教育の重要性の一端はここらあたりにもある。

教育とは「後ろ向きに座らせる」ことを強いることで、うしろにある灯火という存在に気づかせず、つねにその火が照らし出す影を真実と思い込ますことではない。洞窟の穴がこじ開けられ、外から太陽光が差し込み、その影を消し去ったとき、洞窟の男は何を真実と思うのだろうか。国家と政治を論じたプラトンにとって、この灯火に映し出された影とは「名誉」「賞賛」「名声」であり、いかにそれらが移ろいやすいものであるかを説く。

プラトンは教育を論じたときに、「言葉（話）には二種類あって、ひとつは真実のもの、もうひとつは作りごとの言葉（話）なのではないか」と述べ、その後の対話を通じて「われわれは、真実ということを大切にしなければならない」と説く。プラトンにおいては、教育とは真実を見ようとする言語を引き出すことであったにちがいない。

ここでギリシアの哲人からビジネス教育に戻り、プラトンのことばをかみしめて、起業教育のあり方を考えれば、それは狭義にとらえられるべきことではない。つまり、起業（家）教育とは、学生が将来、企業を起こすためという「狭義」のビジネス教育だけではなく、「広義」において学問と個性の確立という両面をつなぐ新しい教育プログラムであってよい。必然、こうしたプログラムは多様なものである。

### 教育と起業

先に、大正期から始まった、大学のサラリーマン養成所化にふれた。これは大正期に日本の民間企業が多くの中間管理職を必要とする時期に来ていたことを反映している。他方、日本には明治後半から幾度かの起業ブームがあり、こうしたサラリーマン層からも起業家が出たであろう。しかし、日本の起業家層はこうした単一社会階層から供給されていたのではなく、むしろその社会的多様層あるいは流動性こそが特徴であった。すこし歴史を振り返っておく必要がある。

日本の起業家の供給源としては高等教育機関よりも、明治後半から増加し始めた実業補習学校などに注目したい。これらの職工学校出身者で起業し、後にその事業を中堅企業以上の規模に育て上げた人たちの数は決して少なくはない。こうした学校のカリキュラムなどを振り返っておくことは、単なる懐古趣味ではない。そこにはいまも学ぶべきことも多い。

明治後半には、地方にもようやく工場などが勃興し、技術者などを必要とするようになった。しかし、技術者を養成する学校は東京などの都市にしかなく、地方の実業家は県などに働きかけ、近代技術の取得を中心とした「実業学校」の設立運動を起こした。また、すでにあった工芸伝承学校を、近代技術を学ぶ場へと転換することを求める声も強くなった。竹内常善はこうした学校のうち初期に設立された広島県職工学校（明治三〇—一八九七—年）を取り上げ、その教育実態を紹介している（「広島県職工学校」豊田俊雄編著『わが国産業化と術業教育』所収）。

同校の学科構成は、当初こそ国の雛形にそったものであったが、やがて広島地域—軍工廠を中心とする機械金属工業—の産業構造を反映したものへと変わっていった。同校では、座学だけでなく実習にもかなりの時間が割かれた。また、最近、インターンシップ教育の必要性が強調されるが、後に工業学校となる職工学校などでは、夏期休暇中に地元の工場などで文字通りの「実習」というインターンシップが行われていた。

竹内は同校の卒業生の進路を同窓会データなどから分析して、「経営者として成功した者も多い。ただ初期の卒業生で企業経営者として成功した者には高等工業を経た者が多い」と指摘する。また、卒業生の社会的選択肢については「昭和初期までの卒業生にとって、卒業後も比較的多くの社会的選択肢に恵まれていた」とみる。いうまでもなく、当時としてはこの種の学校は少なく、いまの大学受験よりはるかに入学試験はむずかしかった。事実、広島県職工学校（後に工業学校に改名）は全国でもかなりの難関校の一つとされ、入学してからの落第生も多かった。

入学生の社会的出自は、農村部を中心とする次男以下などであった。当時の社会には、こうした学校で専門技術を身につけ社会的上昇を享受できる余地があった。卒業生は当時の最新技術を学び、これを生かせる企業への就職切符を手にした。その後、技術をさらに深め、技術系の企業を起こした者もみられる。この点について、竹内は、「特定の社会的制度を通過した者が、特定の社会的地位に落着いていくという画一的保証や身分制的因果律はここにはない」と慎重に述べつつも、つぎのように指摘する。

「こうした社会構造に救いがあったとすれば、それは教育者にも、後に経営者として上昇していく者達にも、現場作業を重視し、自らそこに携わっていくことを何ら厭わなかった生活態度が存在した点にある。……卒業していった『職工』予備軍は実に多様な社会的軌跡を描くことになる。勅任技師や有力経営者、各種教育者、中小自営業者、公務員、工芸家などなど。彼等の中から幾多の社会的上昇事例を引き出すのは実に容易である。『職工』予備軍は、同時に技術者や経営者の予備軍としても世に出ていったのである。しかも初期の卒業生は就職先の実情を知悉して赴いたばかりでなく、その場に着くやいなや掛替えなき即戦力でもありえた。当時のわが国の実体からすれば実に有り難い人間類型であった。」

当時の実業学校卒業生が即戦力であり、若くして第一線の技術者となり経営の一端を担い、それゆえにマネジメント能力を現場で身につけ、起業というかたちをとれたのは、一つには、日本の工業分野での技術水準の低位性にも因った。日本の工業化が加速される大正後期まで、先にみた広島県職工学校の生徒の試作品が民間企業によって買い取られ、学校の予算に少なからず貢献していたことは、当時の民間の技術水準の在り処を如実に物語ってもいる。生徒はこうした製作実習や工場実習を通じ、卒業後の具体的なイメージを描き、明確な目標を保持しえた。ある意味では、彼らは幸福な時代の子でもあった。その後、日本は一層工業化を押し進め、工業高校などがさらに新設・拡張され、卒業生の数も著増した。他方、民間企業と学校との間にあった技術格差は埋まり、学校の技術水準は相対的に低下した。

やがて、職工学校の上級校として高等工業などが設立され、民間企業の成長などとともに上級校卒という高学歴者の労働市場が形成されていった。そして、こうした学校もまたサラリーマン養成所化していった。同じことは、工業学校と並行して設立されていた商業や農業などの実業補習学校でもいえる。

学校教育の拡大につれ、新たな卒業生たちの進路は狭隘化していった。大正後期の実業学校の大衆化は、それまでのエリート教育とは異なる学校像を伝えている。竹内も大正後期を転換点とみて、この時期よりすこし前の生徒像をつぎのように伝えている。

「厳しい環境の中で生徒の対応はかなり活発である。上級学校の教科書を購入して独力でマスターする者も少なくなかった。授業の前後に私塾に通って勉学範囲を広げる者もいた。当時の国内では最先端の工業雑誌を読みこなす者もかなりいたようである。……文芸活動もさかんであり、このことは現存の『交友会誌』からも散見できる。文章能力があり達筆であることは当時では有効な知的能力の表現手段であり、遺された資料の多くはそうした能力の才を示して余りあるものが少なくない。」

こうした工業学校が地方圏のある種の起業家タイプを生み出していた。しかし、当時の科目配当表から判断する限り、これらの教育機関が意識して起業教育プログラムを導入していたとは思えない。にもかかわらず、工業学校から起業家が創出されたのは、竹内の指摘にある、私塾での「自主的な勉学能力」の獲得、こうした「自主的な努力」を通じて身についた「有効な知的能力」である文章力、学校での演習としての製作実習などの賜物であったろう。すなわち、工業学校という場が生み出した生徒たちの自主的な取り組みなどの複合作用が、ある種の起業（家）教育となっていたのではないだろうか。

さらにその背景には、前述したような学校と工場現場との間にある隔壁の低さと、それゆえの卒業生の社会的上昇の可能性（＝社会的流動性）があった。これらの点について、第二次大戦後から高度成長中期までの起業率が高かった時期と比較してみると、いくつかの類似点を見出しうる。整理してみる。

㈠　社会的流動性の確保と上昇志向の強さの連動―敗戦によって既存秩序が崩れたことにより、社会的流動性が促進された。このことは、必然、一定の技術的蓄積をもつ人たちの社会的上昇志向意識を高め、この上昇志向性がさらに社会的流動性を高めるという相互連動をもたらした。

㈡　技術的創始点と改善余地―最初から技術的障壁の高い分野には参入は困難であったが、技術的障壁の創始点が相対的に低位の分野では、参入後に技術的改善を加えることによって、起業後も事業の継続的存立の可能性は高まる結果となった。

㈢　リスクの相対的低下―㈠と㈡という条件下では、起業にともなうリスクは相対的に低く、起業への動機付けが高かった。

㈣　市場の成長性―競争相手が多くない段階で、大きな潜在的成長分野に参入することは起業のリスクをさらに低下させることになった。

軍需都市であった広島や呉での機械・金属系産業の興隆、あるいは戦後の一般機械や電気機械分野での町工場の簇生の背景を探る上で、こうした諸点は有効な説明要因となりうる。では、これらの点を学校という場での起業教育に引きつけて論じることができるのだろうか。

いうまでもなく、学校教育はこうしたいわば外部条件そのものを作り出すことなどできない。また、その時々の成功者と位置づけられた事業家の個別事例をタイプ分けし、その人たちが受けた教育の内容を野放図に拡大解釈して再現することもまたできない。なぜなら、学校はこうした事業家の学びの時空の一部であってすべてではなかったからである。

学校は、その帰属期間の長短はあっても、それはあくまで「学びの始点」である。人の知識というのは学校だけにとどまらず、社会に出て多くの人たちから聞いたものや、あるいはさまざまな体験をへて蓄積された総合性をもったものである。これを忘れて、教科書的なビジネス管理技術の習得という教育プログラムだけの影響を評価し、その人たちの生まれ育った生活条件や生活環境を軽視することなど現実的ではない。大事なのは、この「学びの始点」という意味における学校教育のあり方である。

日本、アジア、欧州、そして米国でも一昔前まで成功した事業家の多くは大学どころか、初等教育すら満足に受けていない人たちであった。それが、多くの人が高等教育を受けるようになると、どこの大学で学んだかというはなしになる。そして、起業家を比較的輩出したと判断された大学の教育プログラムを安易に模倣・導入しようとするが、それで終わるべきはなしではない。大学で学ぶことが普通となってきた現在では、大学は自立的な「学びの始点」にすぎないということが忘れられている。

重要なのは、個別事例以上に、先にみた起業家を生み出した個別歴史性—外部条件—への深い考察である。そして、その現代的意義を探った上で、現在に継承されるべき起業家としての技能的側面と感性（＝精神）を知ることが重要である。半世紀前に成功した起業家がパソコンや携帯電話を使えず、算盤しかわからなかったとしても、彼等をバカにできるだろうか。そこには、手段こそちがえ、計数管理という技能は継承されている。その手段は本質ではないのである。数十年すれば、いまのパソコンも最新技術にとって変わられるに違いない。

技能についてもそうだ。伝統的分野は別として、徒弟制度を通じて蓄積された技能は、やがて次世代の技術によって代替されていく。重要なのは技能そのもの—これは変化しうる—を取得し熟達しようという人の営為行為である。こうした営為行為は非常に狭い範囲で解釈されてはならないであろう。ビジネス感覚というのは、人の営為行為によって生まれる感性と技能が交差する領域で形成されるものだ。そして、ビジネス感覚がより広範囲な社会の需要層に支持されることで、ビジネスそのものが持続性を持ちうる。イノベーションへの取り組みと同様に、社会的常識がもっとも必要とされるのは起業家であるともいえる。

こうした感性や技能が大学教育だけで取得可能なのだろうか。起業家精神の育成などは個別性のものであって大学が養成できるなどという保証などどこにもない。大学教育の範囲は、起業もまた卒業後の選択肢の一つであることを伝え、卒業後もビジネスを学び続ける上で必要な基礎的な知識の所在(＝学びの始点)を示すことである。大学教育はビジネスという旅の始点であって終点ではありえない。日本をくまなく歩き回った民俗学者の宮本常一は『民俗学の旅』で、父親・善十郎にふれ、大正・昭和期の日本の農村での学びの姿を伝えてくれている。

「私の父は海外出稼ぎには失敗したが、そこで多くのものを学んだ。……父はその知識をどこで得たのであろうかと思うほどいろいろのことを知っていた。……小学校へろくにやってもらえなかった人とは思えなかった。本を読んで得た知識ではなく、多くの人から聞いたものの蓄積であり、一人ひとりの人が何らかの形で持っている知識を総合していくと、父のような知識になっていったのであろう。」

当時、小学校を終えすぐに働く人たちも多かった。上級学校へ行けなかった人たちは、講義録―いまでいえば通信教育教材―を取り寄せ勉強を続けた。当時の早稲田講義録の発行部数などからしても、農村での勉学熱は高かった。出稼ぎの多い地域では、多くの人が旅をし、この旅の経験を書きとめ故郷と比較し、見聞を知恵として自分の村へと伝えた。それができたのは学習熱があったからだ。

宮本常一自身は高等小学校を出てしばらく農業を手伝ったあと大阪へ出ている。このとき、善十郎が旅立つ常一に与えた「はなむけのことば」(＊善十郎の十か条)は、「学ぶとは何か」ということを直感的に指し示している。

宮本は、父の思い出を「父にとっては旅が師であったかと思う。そして私を旅に出させることにしたのも旅に学ばせるためであったと思っている」と結んでいる。ビジネスもまた旅である。いまの学生たちにどれほどの学習熱があるのか。これは問うまい。いまの学生世代にも、昔の世代と次元が異なるものの、それでもこの世代なりの自由さと不自由さがある。具体論は第四章あたりで展開したい。

＊善十郎の十か条

①汽車へ乗ったら窓から外をよく見よ。田や畑に何が植えられているか、そだちがよいかわるいか、村の家が大きいか小さいか、瓦屋根か草葺か、そういうこともよく見ることだ。駅へ着いたら人の乗りおりに注意せよ、そしてどういう服装をしているかに気をつけよ。また、駅の荷置場にどういう荷がおかれているかをよく見よ。そういうことでその土地が富んでいるか貧しいか、よく働くところかそうでないところかよくわかる。

②村でも町でも新しくたずねていったところはかならず高いところへ上がってみよ、そして方向を知り、目立つものを見よ。峠の上で村を見おろすようなことがあったら、お宮の森やお寺や目に付くものをまず見、家のあり方や田畑のあり方を見、周囲の山々を見ておけ、そして山の上で目をひいたものがあったら、そこへはかならずいって見ることだ。高いところでよく見ておいたら道にまようようなことはほとんどない。

③金があったら、その土地の名物や料理をたべておくのがよい。その土地の暮らしの高さがわかるものだ。
④時間のゆとりがあったら、できるだけ歩いてみることだ。いろいろのことを教えられる。
⑤金というものはもうけるのはそんなにむずかしくない。しかし使うのがむずかしい。それだけは忘れぬように。
⑥私はおまえを思うように勉強させてやることができない。だからおまえには何も注文しない。すきなようにやってくれ。しかし身体は大切にせよ。三〇歳まではおまえを勘当したつもりでいる。しかし三〇をすぎたら親のあることを思い出せ。
⑦ただし病気になったり、自分で解決のつかないようなことがあったら、郷里へ戻ってこい、親はいつでも待っている。
⑧これからさきは子が親に孝行する時代ではない。親が子に孝行する時代だ。そうしないと世の中はよくならぬ。
⑨自分でよいと思ったことをやってみよ、それで失敗したからといって、親は責めはしない。
⑩人の見のこしたものを見るようにせよ。その中にいつもだいじなものがあるはずだ。あせることはない。自分のえらんだ道をしっかり歩いていくことだ。

（宮本常一「父」、『民俗学の旅』）

# 第一章　ビジネス教育原論

## 第一節　市場競争論



### 市場と市場

いうまでもない。ビジネスは市場という場で展開される。ビジネスは市場で育てられ、市場もまたビジネスによって育てられてきた。

市場ということばは、市場（いちば）というわたしたちの日常語に残る市（いち）に起因している。英語のマーケットもまたこの語源をもつ。農業を中心とした自給自足経済が主流であるころには、狭い村などの範囲で物々交換が行われるだけで、広域化していなかった。やがて、村落の生産力が向上し、余剰生産物が出始めると村と村の間で交換が始まった。塩や天日による乾燥という保存方法が導入されることによって、さらに交換の空間的範囲が広がり、海上・水上交通の結節点には「市」が立つようになった。こうした場所で定期的に開かれた「市」は、これ以前の官設市とは異なり、今風にいえば民間主導で自然発生的なものであった。

市には中世などにすでに形成されたところが多い。中世の荘園では市庭銭というかたちで市に課税したことを考えると、当時、市はある程度の賑わいを見せていた。日本の地名で「市」が残る町、たとえば四日市や八日市などはこの事例である。「四日市」というのは毎月「四」のつく日に市が設けられたことに起因する。

市場はまずは品物の交換の場（空間）であった。それが、商品経済の発展により市を物々交換から商品交換による貨幣そのものを増殖させる場に転換させた。やがて、こうした市場と市場は点と点ではなく、つながるようになった。こうして点が線となれば、線と線が重なる場が結節点として発達し、これに連なる市場をさらに発展させた。鍵を握ったのは交通であった。道路、港や渡し場、橋に由来する名前をもつ日本の地名は、市場と市場とを結び合わせてきた地域であったことを示す。

峠を越えた物資の要所には必ず、「道」の地名がいまにいたるまで継承されている。また、同じ道でも分岐点にあたる地域には、「追分」「沓掛（屈掛）」「被分（「わかさり」と読む—「分かれ去り」に由来—）」「辻」という地名が残る。追分は牛や馬で物資を運んでいた時代に由来する。道の交差点で運搬夫が大きな荷を積んだ牛や馬に大声を張り上げて、どちらかの道に追い立てたのである。

沓掛の沓とは靴のことである。この地名にはいまではさびれひっそりとした地域が多いが、かつては峠道近くに位置した地域である。草履などを掛けて（＝神社などに供えて）、旅の無事と安全を祈った人たちの信仰心から来た地名である。また、辻などは大きな地名にはなくても、小さな道に分枝した町名としていまも残る。六辻などは六本の道の分岐点であった。

外においては海に囲まれ、内においては山に阻まれた日本のような地域では、大量の陸上輸送は困難であり、海上交通が発達した。さらに内陸部に物資を運ぶために川や運河がたくみに利用された。こうした川には渡し舟が行き来した。「渡瀬」などの地名はこれに由来する。あるいは、渡し場の近くの地名に周辺を表す「辺（あたり）」がついて「渡辺」という地名が残る。ただし、この場合は、「わたのべ」ではなく、「わたなべ」と読まれる。「船（舟）」がつく船戸、舟渡などは舟の発着場であったことを示す。船橋という地名もこれに由来するが、川に橋が架けられ、水上輸送と陸上輸送をつなぐ結節点となった地域には、橋がつく地名が多い。橋本、新橋などがその事例である。いまはビルが立ち並ぶ新橋界隈であるが、むかしはそこに新橋という橋がかけられていた川があった。同じ東京に一橋があるが、こちらのほうは丸太一本でとりあえず架橋したことがそのまま地名になった。

海上輸送の基地港には古代において「津」が使われた。港ということばの方は元来、河口（＝「水の門」―みのと―）を示したものである。津のほかに、船の係留を意味する「泊」も使われ、この語はいまも地名として残る。なお、津は物資を「積む」から来ている。石油タンカーが寄港する三重県津市は、従来は安濃津とよばれたが、江戸期に津と短く呼ばれ、それが定着した。いまでは港湾ではない地域で、津という名前が残っている地域は、むかし有力港であったことを示唆する。空間利用というのは輸送技術や市場の動向によって大きく変わる。津などに対して「港」がつく地域は新興の地であるといってよい。大都市圏で「港」がつく地名はいずれも大正から昭和にかけて、あるいは戦後になってその名がつけられた。

市場と市場は交通によって結ばれ、そのなかで人口増が顕著であった地域が大市場を形成し、小さな市場を統合しさらに発展していった。この意味では、交通史は市場発達史でもある。これは日本のみならず多くの諸国でも共通する。ヨーロッパの市場の発達もまた内陸のライン川などの水上輸送や、バルト海などの海上輸送の発達していった歴史と重なる。

こうして成立した市場は競争を促進し、競争が市場を発達させてきた。市場には競争がつきものである。競争は肯定的に、いわゆる消費者に便益をもたらすものと考えられてきた。これには価格的な便益と非価格的な便益がある。もっともこの二つは相互に深く関連する。前者は価格競争であり、消費者にとって商品価格の引下げは便益をもたらす。そして、商品価格の引下げ競争はやがて企業の行動を非価格面の競争に駆り立て、多くの技術開発製品で象徴されるイノベーションを生み出してきた。

### 市場と競争

市場からみると、競争とは第一に、財やサービスを提供する供給側の競争である。市場経済論―以前においては資本主義論―では、伝統的に市場での供給側競争論が展開され、多くの理論が生み出されてきた。競争にはもう一つの側面がある。それは消費する側、すなわち需要側の競争である。この面での競争論については、後で取り上げるソースティン・ヴェブレンが先駆者であった。だが、その後、需要側の競争論はもっぱら技術的マーケティング論に引き継がれ、競争の本質について深く掘り下げた理論が展開していったとは言い難い。

供給側の競争で大きな鍵を握るのは、市場に残り、市場における自分のシェアを拡大することである。人は協働しようとする一方で、競争する本能を持っている。市場に残りシェアを拡大するには、この競争力を維持する必要がある。そして、競争力には二つの要素がある。

㈠　価格要素（価格競争力）―如何に製品やサービスを安くつくり提供できるか。

㈡　非価格要素（非価格競争力）―デザインや機能などの競争力である。

供給側の競争は、この二つの要素をめぐって展開するのが普通である。これを需要側である消費者からみれば、消費者の価値観、すなわち購買欲というのは、つぎのような式で表せよう。

消費者の価値観＝非価格要素／価格要素

消費者は品質が全く同じであるA商品とB商品を手にしたときは、より安い方を購入する。右の式でいえば、分子の非価格要素（この場合は品質）が一定なら、分母である価値要素は小さい方が、価値観は大きくなる。また、価格が全く同じであるA商品とB商品を手にしたときは、非価格要素であるデザインがよかったり、あるいは機能がより充実していれば、そちらの商品を購入するのが普通である。右の式でいえば、分母の価格が一定であれば、非価格要素が引き上げられれば、消費者の購買意欲を引き上げることになる。

供給側からみると、㈠の価格競争力の中核にあるのはコストダウンである。そのためには、生産性の高い機械や設備などを導入して、大量生産を行うことが一般的である。この場合は、市場でのシェア拡大が前提である。つまり、〈大量生産量↕大量消費〉という恒等式が成立しなければならない。他方、㈡の非価格競争力を改善するには、研究開発などへの投資や、新たにデザイナーを雇い入れる必要がある。この場合、研究開発が必ずしも大きな成果を生まず、埋没費用となる可能性も十分ある。

市場での競争が厳しく切迫しているときには、生産設備の入れ替えはすぐにできない。研究開発もまた長期間を要する。その際、もっとも短期的に可能なのは、製品やサービスなど価格の値引きである。この場合、競争相手がこうした値引き競争に耐えられず撤退するか、あるいはそのシェアを低下させてくれることがなければ、自らの損失額を拡大させて最終的に行き詰ることになる。

このリスクにもかかわらず、市場というのは人や企業を競争に駆り立てる。この競争という視点から、人と社会との関係をとらえたのが、前述のソースティン・ヴェブレンであった。しかし、ヴェブレンの視点は当初多くの理解者を得ることが出来ず、彼の競争観が注目を浴びるのはこのおよそ四半世紀後であった。

それは当時の資本主義観がもっぱら産業資本主義を背景として形成されていたことにほかならない。

産業革命以降、巨大な生産力が生み出され、もっぱら生産という視点から市場経済の機構がとらえられていた。とりわけ、一九世紀から二〇世紀にかけて農業国家から工業国家へと急速に転換を遂げた米国では企業が激しい競争を通じて成長もし、また、衰退もしていた。米国に生きたヴェブレンもそれを感じていただろう。

もっとも、こうした競争を制限しようという動きもあった。米国経済史や経営史には、競争を回避するために企業同士がカルテルを組み、あるいは資金力を持つ独占企業が極端な値引きによって競争相手を追い出し、やがて価格を引き上げるような行為について記録されている。こうした歴史から、競争は競争を生むが、それが激しい競争であればあるほど、競争に生き抜くために、競争を制限して回避しようとする動きが生まれることがわかる。

ヴェブレンはこの市場での競争を生産面、つまり供給面だけでとらえようとしなかった。市場経済は供給面の競争を生み出すだけではなく、需要面、つまり消費における競争をも生み出す仕組みであることを予測していた。ヴェブレンについてはすこしあとで再度取り上げよう。

### 競争と競争

競争を肯定的にとらえるか。あるいは、否定的にとらえるか。この種の二者択一的な問題のとらえ方は、ハリウッド映画や日本のチャンバラ映画だけに有効な世界だ。こうした映画では数秒で「悪玉」と「善玉」が分かる。これは白黒の世界である。通常、わたしたちはこうした白黒がはっきりした世界には生きていない。むしろその中間領域であるグレーの世界に生きている。

競争についていえば、競争は消費者の便益を増進し、イノベーションを通じてさまざまな恩恵をわたしたちに与えるが、他方、便益でもなければ恩恵でもない大きな問題をわたしたちに突きつける。

環境問題はこの典型である。これは日本のみならず各国の公害史が指し示す。市場での競争はさらなる競争を生み出し、時として、行き過ぎたコスト競争を引き起こす。そして、本来、企業の内部コストとして処理されるべきものが、コストアップにつながり競争に不利になるとの理由で外部コストへと転化される。このことがどれほどの不幸を多くの人にもたらしたことか。

自然界に存在しないような合成物は、自然がその摂理にそって処理できるはずもなく、有害物質としていろいろなかたちで蓄積され、やがて小さな生き物からわたしたち人間へと舞い戻ってくる。あるいは、自然が処理できる以上の大量の廃棄物資が未処理のまま蓄積される。こうしたコストは、本来は企業という経済主体において処理されるべきである。だが、競争はしばしばこのコストをさまざまな社会的コストに転化させてしまう。結果、社会的コストは競争に全く無関係な人たちまでにその負担を強いることになる。

こうして考えると、競争は野放図の「なんでもあり」の世界ではなく、個別経済主体の競争行為を社会的コストに転化させないルールを必要とする。しかし、経済の範囲が人々の社会的価値観と顔のみえる範囲から、国を超え多国籍にまたがる現在、一つの国でルールが守られても、他国で守られる必然性はない。競争と競争の間にもまたルールがあるべきである。

## 第二節　欲望市場論



### ヴェブレン

ソースティン・ヴェブレンはノルウェー系移民の子として、一八五七年に米国中西部に生まれた。この辺りは、北欧諸国からの移民が多く住む地域である。人は不思議なものだ。一年の半分以上を氷に閉ざされた地域の人たちなら、温暖な地を移民先として選びそうなものだが、彼らはウィスコンシン州やミネソタ州など自分たちの故郷と同じような気候の地を選択している。

ヴェブレンは小さなノルウェーのような米国の農村で育ち、成人した。米国社会へのヴェブレンの覚めた見方というのは、米国に同化した者としてのものではなくノルウェー人としてのそれであったろう。彼は大学生活を東部で過ごし、卒業後も研究生活を続け、シカゴ大学に定職を得たのはすでに三〇歳代半ばのことであった。それ以降も、いろいろな事情からスタンフォード大学、ミズーリー大学と大学を転々としている。毀誉褒貶の多い人生であった。

後にヴェブレンの代表作と評価されることになる『有閑階級の理論—制度の進化に関する経済学的

研究―』は一八九九年に出版された。エール大学へ提出したヴェブレンの博士論文のテーマはドイツの哲学者カントに関するものであったので、経済学に本格的に取り組んだのはそのころといってよい。ヴェブレンの米国社会への観察が、『有閑階級の理論』に反映された。

それまでマルクス等の資本主義論が、生産力や生産関係といった「生産」に着目していたのに対して、ヴェブレンの面白さは、消費力と消費関係といった「消費」に着目して資本主義論を展開したことであった。しかし、『有閑階級の理論』は発表当時も、そしてその後もしばらくは注目されることはなかった。

それは預言者的な学者のもつ代償なのかもしれない。一九世紀後半に彼が分析対象とした事実は、米国では二〇世紀を二〇年余りをへて現われた。つまり、大量生産・大量消費の時代が米国社会に到来した。大量生産は大量消費によってのみ成立する。それゆえ、ヴェブレンは、大きな生産力を生み出した資本主義の担い手を資本家ではなく、消費者に見出したのだ。ヴェブレンは人間の心理的側面から競争と消費との関係を問う。消費者には製造者とは異なる精神の在り処があるというのだ。ヴェブレンはいう。

「人間はあらゆる行動規範のなかに、なんらかの具体的で客観的な、さらには、一般的な目的の達成を望むような主体である。このような主体であるということにより、人間は効果的な仕事に対する愛好と、無駄な努力に対する嫌悪をもつようになる。人間は有用性や効率性を高く評価し、不毛性、浪費すなわち無能さを低く評価する、という感覚をもっている。この習性あるいは性向は製作者本能（ワークマンシップ）と呼ぶことができよう。……製作者本能は、結局、人と人との間の競争的な、あるいは妬みを起させるような比較をもたらすことになる。……このような個人間の妬みを起させるような比較が習慣的に行われているような共同社会では、名誉の基礎としての効用をもつがゆえに、目に見える成功が追求すべき目的になってくる。……結果的に、製作者本能は競争心（エミュレーション）に基づき力の誇示をもたらすことになる。」（高哲男訳）

ヴェブレンは、競争心が持っているものをひけらかすという所有者意識、そして金銭的な競争へと人を追い立ててきたと解釈する。競争心は何も供給側だけではない。それを消費する側にも「見栄」の競争をもたらし、消費を促進することを、ヴェブレンは見通していた。消費はいわゆるレジャークラス（有閑階級）という消費にもっぱら専念できる階層によって主導され、大量消費時代の先がけとなっていく。そして、商品やサービスが大量消費されると、レジャークラスはさらなる消費領域を探し消費しようとする。彼らには時間とカネがあるのだ。

ヴェブレンの見方は資本主義の競争の両面性―供給側だけではなく需要側についても―をうまくとらえている。だが、こうした競争が無制限に続けられるわけではない。そこには、経済学が提供する古典的な課題がある。すなわち、トレードオフである。資源は有限であるという問題が生じる。この有限性をめぐってどのような配分がもっとも人々の便益を引き上げるのか。この便益のあり方については、市場の競争だけがこれを決定するのではなく、人びとの価値観が作用する。

その価値観が、ヴェブレンが鋭く指摘した顕示的消費だけであったとすれば、どうだろうか。そう考えてみると、「有閑階級の理論」は単に市場競争のあり方だけではなく、これからのビジネスのあり方についても多くの視点をいまなお与えつづけている。

## 六Eと二B

ビジネスを展開する上でこれから鍵概念となるものには、六つある。これらの要因は、英単語で表した場合、共通の頭文字「E」を持つ。いわば、「六つのE」である。それぞれについて説明しておこう。

一つめのE—「環境への配慮（Environment）」

環境問題の重要性についてはいうまでもない。時には、環境保護団体などの感情にすぎた告発もあるが、客観的にみて、地球はわたしたちの経済活動によって大きな負荷を抱え、それが環境の悪化につながっている。環境の悪化がもたらしてきた、あるいは、もたらしている、さらには、もたらしつつある問題は深刻だ。それゆえ、持続性のあるビジネスを展開するうえで、環境重視は当然である。また、消費者もコストの問題と環境問題が両立しないことを知らねばならぬ。環境保護や保全を前提にしたモノづくりやサービス提供には、おカネがかかる。

さて、環境問題への取り組みは、自社の炭酸ガスなどの排出量の削減、ゴミの減量、備品のリユースだけにとどまらない。環境問題の解決（ソリューション）のため、それぞれの事業分野においてどれほど寄与ができるかにより新たなビジネスが展開する。

そうしたビジネスは、製造産業が「動脈」産業と呼ばれるのに対し、「静脈」産業と呼ばれたりする。いずれにせよ、環境問題とは単に技術的な面だけではない。それは後でもふれるように、教育面での取り組みを抜きにして論じることはできない。

ここで、フィンランドの大学発ベンチャーで面白い企業を紹介しておこう。大学のすぐ近くにオフィスを構えるこの企業は、設立されて七年ほどだ。創業者は大学の同級生三人である。この三人は、環境問題への対応がこれからの企業の至上命題となるとみて、環境経営管理ソフトウェアの開発を始めた。どんな企業でも、廃棄物の処理や環境問題への取り組みに関し報告書を作成し公表することが当たり前になると、環境問題を経営に取り組むことが必要となる。かといって、このために専門家を置くことは大変である。この企業はこうした状況をビジネスチャンスとみて、経営において環境問題を意識させつつ、その取り組みを日常管理の延長で報告書にするソフトウェアを開発した。そして、いま、時代がこの企業に追いついてきた。

二つめのE―「エネルギー節約（Energy）」

二〇世紀は「技術」の時代といえるかもしれない。特に、エネルギー技術に関して大きな発展があった。一九世紀には石炭などがエネルギー源であったが、二〇世紀は石油エネルギー、そして原子力エネルギーなどに関する技術が発展した。化石燃料については、わたしが工学部で化学を専攻していたころ、石油資源はあと三〇年ぐらいで枯渇するとされた。だが、天然ガスや海底油田などの発見に加え、掘削技術の発展でより地中深く掘削できるようになり、実際には多くの石油が眠っていることなどがわかった。とはいえ、こうした資源には制約があるし、石油などを燃やしてエネルギーに転換する過程で二酸化炭素などが発生し、環境にも大きな影響を与えてきた。他方、原子力はクリーンなエネルギーといわれつつも、その後処理や安全性に大きな問題が残されたままである。こうしたなかで今日、より安全でクリーンなエネルギーの開発が求められている。

たとえば、フィンランドではバイオマスや風力発電が注目されている。バイオマス（生物資源）とは、廃材、間伐材や草などをいう。風力発電はいうまでもなく、風を受けたプロペラ発電である。この分野では大学発ベンチャーの成功例もみられる。

前述の環境経営管理ソフトの開発会社は、従来の事業を一歩進めて、風力発電の設備や設置を行っている会社に資本参加して、環境とクリーンエネルギーを専門とする企業へと成長を模索している。また、排ガス触媒の会社にも資本参加を行っている。

この会社の若い経営者たちはユバスキュラ市にソフト開発などの拠点をおく一方で、ヘルシンキに営業部隊をおいている。企業というのは成長するにつれ、地方都市から大きな都市へと移る。同社も若い企業だが、すでに米国、南米、ポルトガル、香港、北京、ハルピンなどに駐在所を設け、世界市場を相手に急成長を目指す。

三つめのE—「工学・技術（Engineering）」

人びとの経験、アイデア、発見された科学法則などを具体化してモノにするのが工学であり、技術である。工学のもう一つの側面は、それが計測と制御の学問ということだ。いろいろな自然現象や科学法則のあり方を数値化して計測できれば、それを制御できる可能性が出てくる。この可能性のむこうに市場があれば、それはビジネスとして成立する。その場合、いまの工学は単に技術的にすぐれているだけでは不十分である。そこに人間と自然へのやさしい配慮がなければならない。

現在は、日本も欧州も高齢化社会を迎え、高齢者の健康問題の解決が大きな課題となっている。人は歳をとっても、自分で動けることが大事である。ところが、高齢者が転倒したり骨折したりすると、元の元気な姿になかなか復帰できない。高齢者は足から弱る。転倒や骨折などした人たちの社会復帰をどのように支援するのかは高齢化社会の課題の一つである。

この問題について、工学の視点から解決を目指すフィンランドの大学発ベンチャーを紹介しておこう。この企業は大学からすこしはなれた郊外に立地している。創業者は八〇年代に大学で学び、自らの博士論文の成果を事業化させた。創業は、いまから一〇年ほど前であった。彼が開発したのは筋力の測定機器とそのソフトウェアである。

この機器は、現在、病院、医院、リハビリテーション施設、研究機関などで使われている。骨折などして両足のバランスを失った患者は、両足のバランスのとり方などをディスプレイで確かめながら機能回復できる。この機器に、いろいろなデータ、たとえば、坂道や階段などを想定した数値を入れれば、状況に応じて筋力を鍛えることができる。この機器は産学連携の成果でもある。同社が中心となり、大学の研究者やヘルシンキの国立研究所と連携して、この機器は開発され、事業化された。

この企業が郊外に立地した理由は、サイエンスパークのテナント料が高いということが理由である。従業員は経営者を含め四名（うち、一名は中国人）と小規模で、事業形態もファブレスメーカー（工場をもたないメーカー）である。部品のほとんどは周辺の業者約二〇社に外注し、この企業は、もっぱらソフト開発、機器の組立てと検査を行う。経営者はいまもソフト開発の中心にいる。

同社の売上額は、二〇パーセントがフィンランド国内、八〇パーセントは国外となっている。機関別では、二五パーセントが大学などの学術機関、七五パーセントがリハビリテーションなど理学療法クリニックである。競合企業について、経営者はつぎのように語る。

「競合企業ということでは、米国、イタリア、ドイツにも同じような機器を開発・販売しているところがあります。しかし、わたしたちのソフトや機器は、単に技術的、あるいは工学的に優れているだけではなく、患者のニーズを汲み上げ、人に優しいシステムをもつ機器を開発してきたつもりです。この意味では、非常に競争力が高いと思っています。」

この経営者は、現在いくつかの大学で講師をし、博士課程の論文指導も担当している。彼はいう。

「わたしは工学と健康学とを結び付けたい。健康を工学から見ることで新しい健康学が見えてくることがあります。ただし、なんでも工学で割り切るのではなく、その目的をはっきりさせることで工学そのものが進化するのです。健康分野の博士課程の学生を指導することで、今後の高齢化市場の動向なども分かってきます。」

彼のなかで工学や技術は生きた学問となり、その目指すビジネスをより現実的なものとしている。

四つめのE―「経済性（Economics）」

環境（Environment）、エネルギー（Energy）、工学（Engineering）の問題を解決しても、経済性がなければビジネスとして成立しない。この“Economics”ということばは、元来、ギリシア語で家庭のやりくり（マネジメント）を意味した“Oikonomia”から来ている。家庭のやりくりといえば、いまもむかしも、どう節約するかが重要な鍵を握る。“Economize”（倹約する）という単語があることからも、このことは理解できるだろう。

先にみた三つのEを意識して、そこに投入される経営資源を節約し、多くの人が手にすることができる価格帯で商品やサービスをいかに提供するかが重要である。こうした営みは、新しく生まれた企業でも、老舗の企業でも日常の経営行為である。いまさら、事例を引くまでもないだろう。

五つめのE―「倫理観（Ethics）」

ことだ。

ビジネスには倫理観がなければならない。これは日本、フィンランドのみならずどこの国でも同じ

そのためにも、起業教育やビジネス教育において、いろいろなビジネス管理論のほかに、地域貢献論やビジネス倫理論が科目配当され、社会的価値観を重視した規範がきちんと教えられなければならない。環境を重視するといいながら、それを尊重・遵守しようという倫理観がなければ、まさに画餅である。倫理観が欠如したようなビジネスには持続性などがあるはずはない。これには教育が重要な鍵を握っている。

六つめのＥ―「教育（Education）」

ここ一〇年来、フィンランド政府は「知識基盤社会」というビジョンの下に「教育」の重要性を強調している。以前から、生涯教育のさまざまなプログラムが開発・実践されてきた先進国にあって、なぜ、さらに教育が重要視されるのか。

背景には、つぎのような認識がある。「変化の激しい現代社会にあって、学校を巣立っても生涯にわたって「学び」続けることがなければ、その社会の知的生産性の低下が起こる。知的生産性の低下は、社会のもつさまざまな問題の解決を遅らせるだけでなく、社会の活気そのものを奪う。」

この意味では、フィンランド人は勉強好きといってよい。当然ながら、こうした勉強好きを助けるビジネスがフィンランドで展開している。さまざまな自宅学習教育ソフト、企業の人材開発教育ソフ

ト、健康管理のための教育ソフトなどの分野でいろいろなソフト開発企業が生まれてきた。先に紹介した、高齢者などが転倒・骨折した場合の機能訓練を助ける筋力測定器などを開発している企業なども、ある意味において教育ビジネスである。この測定器はセンサーが埋め込まれた床面の上で患者が歩行すれば、眼前のディスプレイにその歩行バランスの情報がわかりやすいかたちで表示され、この情報に基づいてバランスを取る上で必要な筋肉が鍛えられる仕組みとなっている。

工学の知識だけではなく、教育という視点がそこになければ、人の使い勝手のよい機器の開発にはつながらない。この企業創業者が大学時代にスポーツ学やスポーツ教育学を学んだことがこうした事業展開に役に立っている。

大学で教育学を専攻し、教師の経験をへて官庁や民間企業の人材教育システムのソフトを開発し、コンサルティングなども行っている大学発ベンチャーも、教育という視点を非常に重要視する。教育という視点は何も顧客だけに一方的なものではない。「共に学ぶ」という姿勢が消費者にも受け入れられ、新鮮で有益なサービスを成立させていく可能性がある。むろん、教育は企業内においても知的生産性を上げる手段となりうる。

以上の六つのＥは、さらに二つのＢに集約可能である。二つのＢのうち一つめは、いうまでもなくビジネス（Business）であり、もう一つは生物的な代謝作用（Bio-metabolism）のことである。一般に代謝とは、生物体が外部から物質を取り入れ、それらから生命維持に必要な物資やエネルギーを生み出すことである。この代謝過程に大きな問題があれば、生物体はその生命を維持できない。ビジネスもまた、このような代謝作用がなければ成立しない。

## 第三節　金融市場論

### 新資本論

利潤を求め投下される貨幣のことを一般に資本（貨幣資本）という。それが機械や工場設備、原材料などの実物資産に投下された場合には、貨幣資本ではなく実物資本といわれる。

資本については、古典派経済学からいまにいたるまで、いろいろな学派によって定義・分類されてきた。アダム・スミスは資本をもっぱらストックという概念でとらえ、その増殖については貯蓄や節約という側面から解釈した。リカードゥ等は資本の源泉を利潤（＝報酬）に求め、マーシャル等がこの関係をより具体的なかたちで理論化した。すなわち、生産の三要素である土地↓地代、労働↓賃金、資本↓利潤という関係のなかでその経済学を発展させた。そして、マルクスは資本のダイナミックな運動こそが利潤（＝剰余価値）を生み出すとみて、従来の経済学への批判としての『資本論』を著した。

経営学では資本は経営資源の一つとしてとらえられ、資本はそのダイナミックな動きというマクロ論ではなく、あくまでもミクロ論として個別企業の経営のあり方などとの関連で論じられてきた。

会計学では、資本とは機能的に、企業の保有資産から負債を差し引いたものとして解釈される。資産とは企業のもつ売掛金（販売した商品やサービスの代金未回収分）、工場設備、ビルや工場などの不動産、預金、貸付金、株式や社債の有価証券などである。負債とは銀行からの借入金や社債の発行による借入金、買掛金（商品やサービス購入への代金未払い分）などである。

資産から負債を引いたものが資本であるといった。会計学ではこれを自己資本と呼び、この多寡が企業の債務返済能力の基準となる。そこには、債権者保護というねらいがある。

ところが、現在、「中小企業挑戦支援法」――「新事業創出促進法」の一部改正、現在は、「中小企業の新たな事業活動の促進に関する法律」に継承―による最低資本金特例制度では、資本金一円でも株式会社あるいは有限会社の設立が可能とされている。

その後、新会社法で資本金規定はなくなった。従来は、会社の設立の際に最低資本金―株式会社は一〇〇〇万円以上、有限会社は三〇〇万円以上―が用意されなければならなかった。だが、特例措置により、とりあえず一円、つまり資本金がなくても会社を設立することが可能となった。ただし、会社設立後五年以内に準備・増資する必要がある。五年が経過しても、通常の最低資本金にまで増資することがむずかしい場合には、合名会社などへ会社の組織変更も必要になる。

資本金一円でも株式会社などが設立可能となれば、資本という概念は大きく変わったことになる。会計学の自己資本規定からすれば、資本金規模は企業の債務返済能力の程度を示す。つまり、資本金一円の企業というのは、債務返済能力は全くない。新制度では債権者保護という視点が全く忘れ去られ、投資側あるいは取引側に、投資や取引のリスク負担を強いることになった。

背景には、日本社会での開業率低下に歯止めをかけるとともに、起業を活発にさせようという政策的狙いがある。どんな産業分野であれ、そこに参入するには障壁がある。一般的には資本障壁と技術障壁である。このうち、資本障壁を下げることで新規開業という参入を促進しようというのである。だが、この政策には債権者保護のほかにも問題がある。すこし列挙してみる。

① 資本金が一円という創業形態であっても、自己資金や借入金は必要である。しかし、信用指標の資本金規模がゼロに近いのに、資金提供者から積極的な資金提供を引き出すことができるだろうか。

② いずれ資本金を従来の法定基準に引き上げるにしても、当初の自己資金で一〇〇〇万円程度用意できないことは外部信用以上に、内部的な事業運営に支障をきたすことが十分考えられる。

③ もう一つの参入障壁である技術障壁をどのようにとらえるのか。

従来の資本概念の解釈からすれば、資本金一円の創業形態は資本の経済学的解釈と会計学解釈を分離させた結果ともいえる。古典派以来の経済学の考え方では、資本を提供する人が資本家である。もちろん、資本家＝経営者であることもあるし、そうでないこともある。現実の起業形態では、本人＝資本の提供者という図式がほとんどである。これを経済学的に解釈すれば、資本の担い手が本人である必要性はなく、外部提供者であっても何の問題もない。ただし、資本の運動法則において、資本の回転率が銀行利子や株式投資あるいは、不動産投資の投資収益率を上回ることが求められる。

会計学的解釈では、資本出資の多寡こそが重要である。この視点からすれば、資本金一円の「株式会社」は信用においてゼロに近い。必然、外部からの借入れ、あるいは仕入れにおいて脆弱である。にもかかわらず、「株式会社」として起業させようというのは、政策的意図において起業率をとりあえずは引き上げざるをえない事情がある。では、なぜ、自営業的形態である個人企業ではいけないのか。

それは「株式会社」という形態が、個人企業よりは外部信用性を高めるのに有効であったからである。人が資本金規模を詮索しないかぎり、「株式会社」は、個人企業あるいは有限会社よりは資本金の多さを意味する。人々のこうした見方を擬制化させたのが先に述べた最低資本金特例制度である。とりあえずは、信用度を擬制化させた株式会社で創始して、五年以内に実態を整えればいいではないかというわけである。

背景には、経済の活性化には企業の新陳代謝が不可欠であるという考え方がある。さらに、その前提には、起業数がある程度の水準にあることで、そこから新たな成長企業が出てくる可能性が高まることが期待されている。

直接金融

信用度の擬制ということでは、起業したばかりの会社が取引先を開拓するために名刺交換をしたときに、「株式会社」という名称は相手に安心感を与えるにちがいない。ただし、相手が資本金規模について詮索しなければのはなしである。しかし、本格的な取引の場合、始めにその企業の信用調査を行うのが通常である。

信用調査会社についてみれば、国土が広大であり、東部を中心に経済が発達し、西漸運動で国土と経済の拡大がほぼ同時並行的に進んだ米国で先行した。東部の企業が開拓間もない西部の事業家からの求めに応じ、商品を売り渡すときに、その代金が支払われる保障はない。必然、東部の会社が専門的に相手の信用度調査を始めた。やがて、この信用録がデーターベース化され販売されることになる。

信用調査では、通常は企業の資本金規模が一つの信用指標になる。しかしながら、資本金一円というような、資本金に信用度の基礎がおかれない株式会社の「信用」とは、むしろもう一つの参入障壁である技術である。カネはないが技術がある場合、人は技術を信用し、それに対して資本を提供してもよいと判断する。この場合は、資本を提供する側にそのリスク管理が委ねられる投資形態が必要である。

この意味では、前述の最低資本金特例制度とは資本の多寡を擬制化したものではなく、むしろ資本の運動法則—それがいかに収益を生むか—を純粋化させたといえる。資本提供とは利潤を生む行為であり、これを担うのが資本家である。いまでは、資本家は属人的な関係が薄れ機関化してきた。つまり、個人として巨額資本を提供する人もいるが、主流はいわゆる機関投資家―銀行、投資信託、生命保険会社、ファンドなど―である。これらの機関は、個人の大口預金者や小口預金者から資金を集めるとともに、企業や財団などからも資金を集める。こうした機関投資家から資本が提供されれば、自らの手元に資本金化する資金がなくても、最初から株式会社に必要な法定資本金規模を簡単に満たすことができるはずである。ただし、つぎのような条件が満たされる必要がある。

① 私募債に応じる投資家がいること―株式会社は株式を発行して資本金を調達するが、起業間もない企業などの場合は未公開株―いわゆる私募債―である。すでに上場された企業でその内容や業績についても公表されている企業の新規発行株式は公募債であり、投資するか否かの基準は得られやすい。だが、未公開株式であれば、あえてこうした企業の成長性に賭ける投資家がいなければ、資本金調達は成立しない。

② 投資家にリスク感覚があること―一般に株式投資などのリスク負担は投資側にある。そう考えた時、問題は、技術などの競争力について十分な情報と判断認識が投資側にあるかどうかである。この意味では、起業したばかりの企業についての情報開示問題が残っている。

③ 私募債が上場される可能性がない場合にも投資家に見返りがあること―投資家にとって資金提供の見返りは、店頭市場などへの株式上場による資本利得（キャピタルゲイン）である。しかし、

すべての起業が成長企業へとつながる保障はない。その場合、投資家をひきつけるには、配当率が預金などの金融市場や債券市場での平均的利回りなどを上回る必要がある。あるいは、その企業のもつ知的資産―特許やノウハウが典型―の売却あるいは企業そのものの売却による益出しの配分に魅力がなければならない。

このような「直接金融」が日本においては果たして可能であるのかどうかを問えば、一部のベンチャー企業的創業の場合は除き、一般的ではない。従来の株式会社制度においても、株式発行はきわめて限られた者の間での、たとえば親戚・縁者などへの私募債であり、実際には形式的であった。②のリスク基準についても、また、③の点もいまのところ画餅に近い。

それゆえ、今日でも、より現実的な資金調達手段は自己資金、親戚縁者からの借金、友人などからの借金ということになる。これに限界があるときには、金融機関―政府系中小企業金融機関、銀行、信用金庫など―からの借入れ、すなわち、「間接金融」が現実的な選択となる。

**間接金融**

投資家の企業発行株式への投資は、投資する方と投資される方が市場で直接出会うという意味において「直接金融」と呼ばれる。これに対し、預金者の預貯金が銀行を通じて、資金を必要とする企業などへ融通されるやり方は「間接金融」と呼ばれる。そこでは、預金者が銀行を挟んで企業と間接的に対峙している。

この場合、預金者は意識的に企業への資金提供に参画しているわけではない。むしろ、それは無意識的である。預金者がどの企業にどの程度、自分の預貯金から融通すべきかについて決定権をもっているわけではない。そこにあるのは銀行などとの間の預貯金の約定金利の受け取りだけである。

起業したばかりの企業から間接金融を見た場合、大きな負担は、直接金融と異なり、借入資金を一定期間に一定金額でほぼ毎月にわたって返済しなければならないことである。そのためにはつぎの諸条件を満たす必要がある。そうでなければ借入れそのものが困難である。

① 毎月返済の明確性―売上額、利益額についてのきわめて実現性の高い計画の明示。

② 返済できない場合の想定―借入額に相当する担保―たとえば、すでに抵当権設定が行なわれていない土地や建物など―の設定。

②の点から検討すると、十分な土地や建物があり、それらを担保物権として銀行から事業融資を受けることのできる起業者がどれほどいるだろうか。企業が依頼した場合、銀行は、その事業計画の実現性を検討した上できわめて少額の融資には応じるであろう。だが、一定額以上の資金については、彼ら自身のリスクヘッジのために、返済が不可能になったときと同額、あるいはそれ以上の担保を要求する。貸す方と借りる方は、多くの場合、貸す方が強いに決まっている。

また、①の点に関しては、実現性の高い事業分野とは何かと問えば、それは既存分野で、ある程度の成長が期待できる事業である。そうした事業の場合、必然、競争者が多く、利幅は必ずしも大きいものではない。逆にいえば、潜在的成長分野の掘り起こしには技術開発や市場開拓などが必要で、投資からその成果が得られるまでの期間は必然長くなる。このような事業については、大きな担保力がなければ、事実上、事業融資を受けることは困難である。

こうしてみると、生まれたばかりの企業は、一方で直接金融の途が閉ざされ、他方で間接金融の途もまた細いものであるとすれば、イノベーションの担い手はもっぱら大企業、あるいは、中堅企業、中小企業の上層などに限られてしまう。しかし、ある程度の規模の組織になると、イノベーションに取り組むリスクにむしろ敏感となる。

ここにあるのは、半ば公式化した行動様式である。つまり、「資金がある者には、イノベーションのアイデアと勇気がない」。他方、「アイデアと勇気のある者には、資金がない」。そうであるとすれば、イノベーションのアイデア溢れる者の起業に資金提供する金融方式が新たに模索・実行される必要がある。すなわち、借り手の負担の大きい「間接金融」と貸し手にリスクの大きい「直接金融」の中間にあるような金融方式である。この金融方式を名づけるとすれば、直接金融と間接金融の「中間金融」といってよいだろう。その方式には、つぎのような条件が考えられる。

①　事業計画の重視―十分な担保力がない分、事業計画の実現性、起業家の事業センスと経営能力の分析を中心として、資金提供を決定する。

② 条件付事業融資と私募社債発行の選択性—資金提供については、リスクに応じた返済据置期間を設定した事業融資、あるいは私募株式よりも容易な私募社債を発行させての資金提供を選択させる。

③ ①と②を実行するための起業エンジェルファンドの設立。

③の点からふれると、民間企業体である銀行や証券会社と、政策金融（＝制度融資）を行う政府系金融機関の中間形態で、ある程度の「益出し」によってファンドそのものを増やすこと（＝リボルビングファンド）のできる地域ファンドが望ましい。原則として、担保設定は行わない。このことによって新規、あるいは若手層の起業促進と支援を行うことができる。

ただし、この場合、①の点の、事業計画案の詳細な検討が必要となる。そのためには、必要に応じて、その事業案に沿った分野の専門家に、「守秘義務」を条件に、ある程度の報酬を支払い、その検討に参加してもらわなければならない。さらに重要な点は、研究開発型創業については、商品化あるいは事業化までの期間をいかに予測するかである。これによって、必要事業化資金（＝バーンレート、資金の燃焼率）が異なってくる。

創始したばかりの若い企業は既存事業からの収入がない。借入金も返済できるはずはない。したがって、アイデアや開発技術を事業化あるいは商品化し、製品やサービスとして販売し、代金が計上され、実際に代金決済が行われる（＝いわゆる、ファーストセール）までを返済猶予期間とする必要がある。これが②でいう条件付事業融資である。

これは融資形態であるが、その事業のリスクと可能性を反映させた利率設定で、企業の私募社債を発行させることも考えられる。ここでは、低収益の段階では低利回り、高収益になれば高利回り設定が可能となる。いきなり、店頭市場上場を意識した私募株式発行という手もあるが、最初はこうした私募社債から資金調達を開始して、高成長が期待できる第二段階で私募株式を発行して、将来の店頭市場上場を目指すことも可能であろう。

こうしてみると、間接融資と直接融資の中間にあるような「中間金融」においては、事業への目利きが重要なリスク計算の鍵を握っている。

## 第四節　労働市場論

### 結果と過程

人は働いて生活の糧を得る。ヴェブレンが取り上げた有閑階級、つまり消費することが生活のすべてとなった経済的富裕層にとっては、生活の糧を得ることは問題ではない。こういう「恵まれた」人たちも一定数はいることだろう。ヴェブレンが皮肉交じりにふれているように、このような人たちの生活は「代行的」消費である。つまり、稼ぐ人は多忙で消費できない。忙しい人たちに代わって働かず消費する人たちがいるのである。たとえば、裕福な企業家たちの妻などがそうである。

しかしながら、多くの人たちにとって生活とは働くことであり、働くとは生活にほかならない。そして、働くこと（＝労働）に「結果」重視の価値を見出すか。あるいは、そこに「過程」重視の価値を見出すか。その価値観により人の生き方が決まる。たとえば、結果や過程と価値観の関係はつぎのようなものだ。

①　結果を優先―所得の多寡が大きな意味をもつような価値観。
②　過程を優先―所得ではなく、働くことの意味そのものを優先させる価値観。
③　結果と過程の均衡―所得だけではなく、働くことの意義も意識する価値観。

わたしたちは独りで生きているわけではない。さまざまな関係のなかで働き、生活し、生きている。それゆえ、組織のあり方と個人としての生き方は、いつの時代においても重要な課題だ。なぜなら、両者は関係があるからだ。

組織の目的と認識もまた、先にみた三つの価値観に呼応する。結果重視の組織か、過程重視の組織か、あるいは結果と過程との均衡重視の組織か、である。この三つの方向性をビジネスの上で再分類すればつぎのようになる。

㈠　結果優先（＝急成長）の企業（起業）、あるいは企業（起業）家―ベンチャーキャピタルなどリスク資金提供者への見返りを求める企業（起業）スタイル。

㈡　既存の組織などで自己実現型ビジネス展開が困難であるために独立した企業（起業）、あるいは企業（起業）家―ライフスタイル型企業（起業）家と言い換えてもよい。

㈢　自己実現と事業としての成長を両立させることを強く意識した企業（起業）、あるいは企業（起業）家。

㈠については、日本に限らず多くの国で、いわゆるＩＴ関係のソフトウェア企業にその事例を見出すことができる。パソコンなどの低価格化により、若い人たちでも参入がきわめて容易になり、ソフトが一発当たれば短期間に高収入を得ることができる。さらに、株式公開すれば投資家のみならず、起業家にとっても大きな資本利得（キャピタルゲイン）が獲得できる。

㈡は技術者などによる起業に特徴的である。以前は「脱サラ」（＝脱サラリーマンの意）と呼ばれた形態である。いまでは、このような形態もまた起業と一括される。国民生活金融公庫の開業資金借入者の動向をみると、飲食業などはいまも脱サラの典型業種であり続けている。ただし、ここで強調したい事例は、キャリアとしての継続性を持つ起業である。自分がやりたい仕事、たとえば、特定技術分野の研究開発が大組織で保証されない中で、独立してでもやりたいという「ライフスタイル」を重視する起業である。

三番目はより現実的な選択である。人は、パンのためだけに生きるものでもない。とはいっても、自分の独りよがりの技術志向は事業ではない。それが多くの人に受け入れなければ事業としての成長と継続性がないのである。

## 起業と市場

先に三つの企業（起業）類型をみた。重要なのは、技術志向型にせよ、あるいは利益追求型にせよ、あるいは均衡追及型にせよ、市場がこうした企業（起業）を受け入れることができるかどうかである。

「市場」と言ったが、市場とは見えない「制度」である。もちろん、市場を視覚的に確認しようと思えば、「市場（いちば）」に行けばよい。欧州やアジア諸国であれば街の中心に市場が立つ。日本でも観光地であれば朝市が立つ。そこには多くの商品が並べられている。これこそ見える市場である。

そこでは、消費者は商品を現実に手にして品質を確かめ、値札で価格を判断する。品質も価格も気に入らなければ、隣の店などにある同じような商品を手に取り比較すればよい。店舗が一つしかなければ、こうしたことはできないが、店舗が複数あれば競争が起きる。品質が同じなら、価格の高低が重要な決定要素となる。必然、価格を下げることのできない店舗は、品質を上げるしかない。

「制度」としての市場機構はこうした実空間のことではなく、品質と価格をめぐる「関係」そのもののことである。すなわち、商品の品質などを確かめることが容易でない場合、消費者にとって価格が判断を下す唯一のシグナルとなる。ブランドが発達したのも、同じような理由からだ。つまり、ブランドとは、そのブランドの商品であれば、現物を手にして品質を確かめなくても安心であるという保証でもある。ただし、ブランドの確立には多額の費用と時間を要する。

ブランドを比較した場合、スタートアップしたばかりの企業にとっての問題は、ほとんどの人がその企業を知らないことだ。もちろん、有名な企業内デザイナーが独立したりすれば、報道される可能性もあるだろう。また、業界内で情報が伝播し、それなりの範囲の人が知ることもある。これは例外である。起業とは市場デビューにおいて無名のスタートであり、やっかいなものである。独立してから先の方が多くの困難がある。ほとんどの人が新しい企業の商品やサービスを知らないからだ。この場合、起業の成否は消費者との関係をどのようにして築くかによってほぼ決まる。

考えてみれば、起業と市場、そして起業と消費者との「関係」は、多くの人たちにとって就職の際の「関係」と同じである。新卒者が新しい企業への入社をためらうのは、まさに消費者が聞いたこともない商品、手に取ったこともない商品を購入するようなものだからだ。中小企業の経営者は、若者たちが大企業志向であって、中小企業へ積極的に就職しないことを嘆く。だが、中小企業の経営者自身、聞いたこともなく、試乗や見学もしたことのない高級乗用車や住宅を購入するだろうか。長期雇用が見直され、労働市場が流動化したといっても、若い学生たちにとって、就職は一生ものといってよい。

先に、「起業の成否とは、消費者との関係をどのようにして築くかによってほぼ決まる」と述べたが、この他にも重要なことがある。それは、起業後の成否は、経営資源における優位性の確保が大きな鍵をにぎることである。経営資源とは資金、人材、技術などである。経営とはこれらの効率性の追求である。つまり、最小の経営資源の投入で、最大の利益を得ることである。現実はそう簡単ではない。

① 資金―自己資金があればこれに越したことはない。不足する場合には金融証券市場での調達が必要となる。
② 人材―人材に付随した能力、経験、ネットワーク力が重要である。
③ 技術―単なる思いつき的アイデアではなく、市場にもっとも近い段階での技術が求められる。

不足する経営資源を調達しようとすれば、資金には金融証券市場が、人材については労働市場が、技術には特許流通市場などがある。そして、起業家にとって金融証券市場も重要であるが、さらに重要なのは労働市場である。

### 市場と人材

起業後、五年以内は「死の谷」と呼ばれる行き詰まりの時期である。事業の行き詰まりは、単純化していえば資金が回らなくなったときだ。すなわち、事業上支払う金額が増え続け、支払うことができなくなったときが行き詰まりのときだ。

研究開発などの費用支出のことをバーンレート（燃焼率）などというが、最初のころは、研究開発はただ資金（＝燃料）を使うだけである。開発に成功すれば、資金以上に成果（＝利益）が出始め、結果的には燃焼率が低下する。この表現は初期の事業を考える上できわめて即物的な表現である。航空機や自動車、あるいは船舶でも、最初は多くの燃料を消費させ動きはじめる。やがて、加速度がつき始めると、むりやりスピードを引き上げず、一定スピードで走行すれば安定した燃焼率となる。巡航速度というのはこの燃焼効率がもっともよいスピードのことである。

同じように、起業直後は燃焼率が高く、資金が出るばかりで、売上げという成果がなかなか見えてこない。この時期、資金は十分にあったに越したことはない。だが、問題はそれをどのように燃焼させるかである。それゆえ、より重要であるのは人材である。起業者が一人で何から何までできれば問題はない。けれども、その起業者が三番目に揚げた技術を担当していれば、だれが経営を担当するのか。ここで挙げた技術とは事業の中核的競争力といったほうが本来は妥当であろう。たとえば、販売方法やサービスの提供の仕方、他店では真似できないような雰囲気づくり、レストランであれば料理の味などもこの範疇に入る。

資金を金融証券市場で調達するようにして、有能な人材を労働市場あるいは人材市場で調達できれば、技術など中核的競争力をもった人たちの起業の成功率がいまよりは向上するにちがいない。わたし自身、日本とフィンランドで、起業したばかりのケースの調査を継続的に行っている。こうした事例を一般化する自信はまだないが、一つの事実として気づいたのは「死の谷」の時期において燃焼率を低下させた起業家ほど成功率が高いのではないかという点である。そして、この場合、専門家が大きな役割を果たす。たとえば、フィンランドには、いくつかの経歴をもった専門家がいる。

① 自ら起業し成功経験をもった引退者たち―自分も起業し、自社の上場や売却などである程度の成功を収め、第一線を退いた人たちである。この人たちが非常勤役員として経営に参画することで事業の成長と安定を目指す。

② ベンチャーキャピタリストとして起業に関与した人たち―資金提供者として起業段階での初期の経営問題について詳しく、役員として経営に参画している。

③ 起業段階専門の経営者―起業段階でのいろいろな経営を担当してきた人たちであり、ベンチャーキャピタリストとも密接なネットワークをもっている専門家たちである。

④ 専門コンサルタント―特許、ライセンスなど専門的なコンサルタントたちは、経営に直接関与しなくても、的確な助言などで貢献できる。

こうした人たちのほとんどは専門分野を持っている。彼らあるいは彼女らのキャリア形成をみると、大企業などで経験を積みながら、大学などでも学位をとり、その後数種の専門知識を深めた経験を持っている。バイオならバイオ、ＩＴならＩＴという分野で、あるいは市場開拓ではそれぞれの分野での専門性に応じた経営のノウハウを高めてきている。

何よりも彼らには事業上の顔の広さがある（＝いわゆるネットワーカー）。この商品や技術については、どこのだれが欲しているのか。購入される可能性があるのか。技術的な隘路については、どこのだれに相談すればよいのか、などを熟知している。また、彼らはあるいは彼女らは、これまでにある程度の成功報酬を得ているがゆえに、起業時の無給に近い段階でも参画し、成功させることでその努力が報いられる。

日本で大学発ベンチャーや大企業発スピンオフ型ベンチャーの出生率が低い最大原因の一つは、「死の谷」という起業段階を乗り切る専門家の人材市場が整備されていないことにある。日本には多くの潜在力をもった起業家がおり、世界的にみても起業が成功する可能性は高いのではないだろうか。問題は、これを支援する公的制度の多寡ではなく、起業段階での多くの問題の在り処を経験的に知り、解決手順を具体的に示すことのできる人材の市場が整備されていないことである。

## 選択と起業

日本の起業率は、戦後の混乱期や高度成長期に非常に高かった。これはほかに就業機会がなかったことや、大企業などの労働市場が中途採用から新規採用中心となり、低学歴者の大企業や中堅企業への就業機会が閉ざされていったことが理由である。

この時期、起業することは、所得確保のより自然な手段であった。いわば「所得確保」型といってよい。また、多くの人が起業することで、その社会的リスクも低いものであった。別段、起業のための金融証券市場が整備されていたわけではなかったが、起業を支える社会的メカニズムがいろいろと存在し、働いていた。

たとえば、町工場や商店では、暖簾わけというかたちで起業後の「死の谷」を乗り越えるための支援があった。町工場であれば、いままで使用していた機械などを退職金代わりに支給され、下請け仕事が再発注されることで当初の事業展開が支援された。商店では仕入れ先の紹介などの支援があった。

しかし、いまは時代が異なる。その変化はつぎのようなものだ。

① 敗戦後の混乱から高度成長期までの機会拡大の終焉―敗戦後は多くの人が職を失い、混乱のなかで自らの職をつくりだす必要性に駆られた。高度成長期は、急速な市場拡大が起業リスクを大幅に低下させた。大企業を中心に雇用が拡大すると、新規学卒労働市場が成立し、さらにそれが内部労働市場化し、失敗後の中途採用など労働の流動化が低下した。

② 労働市場の整備と社会的新秩序の成立―大企業を中心とした内部労働市場が整備されることで、就職市場の階層的秩序が成立していった。大企業＝高賃金・高労働条件、中小企業＝低位の賃金・低労働条件という需要側と、大企業＝高学歴者、中小企業＝低学歴者という供給側の関係が成立した。必然、中小企業層を補う新規創業の動きは高学歴層においてより低い起業率となって現れた。

③ 高学歴者と労働市場との不適合―日本のみならず大学などへの進学率が高まった諸国では、従

来の「高学歴者＝大企業あるいは公的機関への就職」という図式が崩れるとともに、長期雇用もまた崩れてきた。

最後の点についてもうすこし詳しくふれておくと、ＥＵ諸国では“Flexicurity”ということばで労働市場のあり方が問われている。このことばは柔軟性（Flexibility）と安心性（Security）の合成語である。高学歴者＝大企業への就職と長期雇用の保証という図式が、大企業のグローバルな事業展開とともに崩れてきた。そして、一つの組織で働くことが欧州社会で必ずしも将来の職の保証とはならなくなった。これらのことをこの合成語が象徴している。

他方、欧州などで「知識社会論」が強調され、柔軟性を維持するためには生涯学習が大きな鍵を握ることが指摘される。勉強し続けることでいろいろな職に対応できる柔軟性を維持し、労働市場における安心性を保持しうるというわけである。

だが、柔軟な雇用体系ということが需要側（＝企業）で語られるとき、それはパートタイム、一定期間の雇用契約型雇用、臨時雇いなどである。これは働く側にとって必ずしも安定を保証するとは限らない。つねにつぎの雇用を心配しながらの生き方である。また、年齢による賃金体系も見直されることになり、雇用される側の生活スタイルも変化している。

こうしたなかで、職確保のため一つの選択肢として「起業」の重要性が強調されている。起業教育プログラムを失業後ではなく、在学中の段階で実施する必要性が高まった。ただし、その対応において、伝統的な大学は積極的であるとは言いがたい。フィンランドにおいてもより積極的な取り組みは、ポリテクニック（アマティコレケアコール）において活発である。この事例として、チームアカデミーの取り組みを第四章あたりで紹介したい。

# 第二章　起業家精神原論

## 第一節　起業と企業

### 起業と精神

「経営史」は日本経営史でなければ欧米経営史をいうことが多い。アジア諸国の起業家の歩んだ道を知ることはそう多くない。アジアの事例をみておこう。

いまでは半導体から携帯電話までを扱う電子機器の世界的メーカーとなったサムソングループを起こしたのは李秉喆（一九一〇〜一九八七）である。彼は早稲田大学の学生であったが、病をえて退学し帰郷。帰国後は三年ほどの遊興のあと、父親からの資金で起こした精米業を手始めにトラック運輸業へと事業を展開し、土地投資と銀行からの融資でさらに事業を拡大した。だが、日中戦争が勃興、混乱のなかで李の事業は行き詰まった。

李は事業負債の清算を余儀なくされたが、二八歳のときに三星商会を設立し貿易業を始めた。その後は、その時々の国策や政治家との密接な関係をつくり成長を図る。三星は朝鮮戦争を転機に貿易業から製造業へと転換を遂げた。

三星はしばしば政治家の失脚やクーデターなどで苦境に立った。その都度切り抜けてきたのは、李自身が最初の事業の行き詰まりで得た経営感覚であったろう。それは、彼の思い切りの良さでもあり、清算すべきは清算し、つぎの事業を準備すればよいという修羅場をかいくぐってきた者のみがもつ直観力であった。

サムソン電子の設立は一九六九年である。韓国の電子分野の企業としても早いほうではない。李は後発の遅れた時間を取り戻すかのように外国企業との提携を繰り返し、一九八〇年代には同社の主力となる半導体事業に参入した。李の起業家精神の何たるかを探れば、それは日本の明治期の多くの起業家と同様に、「事業報国」というナショナリズムであった。それゆえに、李自身は、政権との「癒着」が批判されても、その都度、自分の事業が「事業報国」という公共精神に支えられたものであったと割り切ることができた。

他方、アジア各国の立身伝で紹介される起業家たち、たとえば、インドネシアのスドノ・サリム（一九一六〜）やタイのチンなどの場合は、事業報国というナショナリズムだけで割り切れない。

中国系インドネシア人サリムは福建省からインドネシアに移民し、行商から事業を創始。セメント製造などインドネシアの工業政策に沿って事業を展開させた。彼の事業の急成長はスハルト大統領との関係なしには説明できまい。もっとも、サリムグループが癒着していた政権が転覆されたあとも、生き残ったのは、李とは異なり、その資産のアジア華僑ネットワークへのリスク分散による。この点は華僑起業家のリスク感覚でもある。

タイの華人系チン・サーンポンパニット（一九一〇〜八八）は船員をはじめ、いろいろな雑業を経験し、その後小さな元手で雑貨商を開業。チンが第二次大戦下のタイ抗日運動に協力したことが、のちにバンコク銀行の開設に関わるきっかけとなる。もっとも、銀行業に先立ち、チンは華僑ネットワークを利用し、ハイリスクであるがハイリターンであった金取引や外国為替取引で資金を蓄積した。その後も、チンは利幅の大きい事業分野に進出し、朝鮮戦争のころにバンコク銀行の第二代頭取に就任、以降四半世紀にわたった。チンもまたタイ政府、とりわけ、軍の有力幹部と親密な関係が取り結び、このことがバンコク銀行の急成長をもたらした。

この三人にはある種の共通性があった。それは、彼らが韓国やインドネシアの植民地時代に生まれ、最初に社会の底辺的雑業を経験し、やがてこれらの国が独立するとその時々の政府有力者と結びつき、その保護的産業政策の下で自らの創業分野を急成長させた点である。こうしたなかで研ぎ澄まされたものとは、その高いリスク管理感覚―これは単に経済・経営的なものだけでなく、社会変動や政治変動への鋭い感覚―であった。そのリスクヘッジこそが有力者との関係であった。この点について、岩崎育夫は『アジアの起業家』でつぎのように指摘する。

「これは（引用者注―政府のさまざまな助成や保護）企業を興し何とか成功したいと野心に燃えていたものの、発展に必要な『資源』に欠けていた企業家にとって、またとない絶好の機会であった。……その際、注目されるのは、企業家が利用した国家の資源には、企業振興策など経済資源だけでなく、有力政治家とのコネクションなど政治資源も含まれていたことである。……アジア企業の発展の基礎となった産業が、ほぼ例外なく工業化の重点産業だった。」

しかし、岩崎が「アジア企業にとり国家の育成策や政治的保護が発展の主要因であった時代はとうに終わりを告げた。それに代わって技術開発力、資本力、販売力があるのか、経営者能力や経営戦略（企業家精神）に優れた経営者がいるのか、それに企業の公開性や社会的責任などコーポレートガバナンスの重要性を認識しているのかが決定的な意味を持つ時代に入った」と指摘するように、現在はこの初期起業家層から二世代が経過し、アジアの起業家像も当然ながら変わってきた。

起業家第二世代に属する、台湾の施振宏（一九四四～）は、こうしたアジアの新たな起業家像を象徴する。施は苦学して理工系大学に進み、米国帰りの新進気鋭の教授陣の指導の下、電子工学で修士号を得た。立身出世を目指す誰もが米国へ留学する当時の風潮にあって、施は台湾で職を得ようとした。当時は、日欧米の電子部品メーカーが台湾に集中投資をしていた時期であった。留学経験がなく外国語に堪能でなかった施は外資系メーカーへの就職をあきらめ、地元の新規企業の技術者となった。この会社での開発経験と実績が、施を新たな事業に駆り立てた。人の運勢とは奇妙なものだ。留学していれば起業には無関係な技術者としての人生もあったかもしれない。

彼は地縁血縁からの出資で台北のアパート（＝ＳＯＨＯ型）で創業し、その後マイクロプロセッサー・ユニット（ＭＰＵ）に直目し、すべての事業をそこに集中させた。このことが彼の小さなビジネスを一気に世界へと押し出した。やがて、施はエイサーブランドを確立させ、台湾パソコンビジネスの代表選手となる。施の経営戦略は彼のスマイルカーブ―設計、製造、販売、アフターサービスのうちで製造部門の利益が低いことを示唆―で象徴されることになる。

先に紹介した第一世代の起業家たちは、後継者に自分の息子たちを選択した。しかし、彼らとは対照的に、施は自分の係累を後継者に指名しないことを明言する。この点を見ても、アジアの産業構造の急速な変化と同様に、起業家像も多様化しつつあるのがわかる。

起業を取り巻く経済環境、学歴や専門知識などの起業家としての条件は変わってきた。また、その精神も、起業を担う社会階層の変化によって変化している。移民層とその第二世代の精神とは、継承された部分もあるが、全く異なった部分もある。このようにしてみると、起業の精神は静態的ではなくより動態的なものである。

### 起業と動機

先に「事業報国」という、かつての起業家精神の在り処にふれた。この精神は日本の戦前期においても一つの起業家類型を形成する。しかし、清川雪彦はこの見方に疑義を示す。清川は『日本の経済発展と技術普及』で、「多くの経営史家によって、日本の企業家に共通な特徴は、その国益優先的ないしはナショナリスティックな言動であると主張されてきた……伝記や講演録などに基づいて検討してみた。しかしその答えは、否定的であるといわざるをえない」として、「愛国主義的企業家行動が日本の企業家精神の本質的特徴であったと結論づけることには、賛成できない」と主張する。

清川は、日本における技術系起業家については豊田佐吉を除き、「彼らの卓越した技術革新活動の背後に愛国的動機が存在していたことを見出すことは、非常に困難である。そしてほとんど例外なく、そうした技術革新活動に彼らを駆り立てた最も重要な動機は、負けじ魂や競争心、あるいは挑戦的精神や不屈の精神であった」と指摘する。清川の主張をわたしなりにまとめてみる。

㈠　自分の技術的能力への強い誇りと愛国的精神―「たとえ企業が大きく、政府との結びつきが強かったとしても、常に企業者活動の動機として、愛国的精神が顕著であったとは限らない。」

㈡　欧米諸国と比較して、政府との結びつきは相対的高さを示すにすぎない―「それは後発国の工業化過程に共通してみられる特徴であり、……後発国における企業家精神一般の諸特徴から、日本のそれを分離識別することにほかならない。」

㈢　競争意識の強さ―「企業家精神の真の特徴は、シュムペーターの正統的な企業家精神の線に沿って理解することが可能であろう。すなわち、繊維産業における企業者行動に関する限り、それは〝競争志向的企業家精神〟と呼んでもよいのであり、競争意識こそが普及を促進していた。」

清川は、わが国勃興期の繊維産業における特許をめぐる激しい動きから、「日本の場合、その競争志向的企業家精神の基盤ないしはその可能性を秘めた人材は、全国のいたるところに見出すことができた……この広義のシュムペーター的企業家精神が、広く国全体に存在していたか否かが、今日の発展途上国と日本の経済発展の場合の決定的な相違でもあったといえよう」と述べる。

清川の見方は、一般的に工業分野の起業家、とりわけ技術志向の強い人たちについて妥当するかもしれない。他方、前項で紹介した、自分の生まれ育った土地とは離れた異国で事業展開した華僑系起業家の場合は異なる。同じ競争志向的といっても、彼らの場合は、貿易業や為替取引といった相場志向的精神がそこに躍動している。起業家の精神とはその生まれ育った文化性と切り離して形成されるわけではない。

話を日本の場合にもどせば、愛国主義的といっても、その発露もまた多様性をもつ。愛国主義というナショナリズムの多寡を計測することは困難だ。また、競争的ということでいえば、戦前の経済学者が日本の社会構成原理としてつねに指摘してきた「過剰人口論」からすれば、この圧力は技術開発をめぐってプラスに作用することもあれば、通俗的な成功において粗野で素朴な欲の塊のような起業家を生み出すこともある。

こうした起業家の精神の在り処を明らかにするのは必ずしも容易ではない。しかし、すくなくとも起業の精神が何世代にも継承されてきた事業にはそれなりに競争力が保持され、市場性と市民性をもち、日本社会に受け入れられてきたことは間違いない。

## 起業と条件

研究とは「旅」に似ている。日本を旅行すると、外国にも足を伸ばしたくなる。外国の地（＝知）を見聞すれば、日本の地（＝知）の良さも悪さもわかり始める。その上で、良いところを伸ばし、悪いところを直せば、すべてがさらに良くなる、はずである。

わたしの場合も日本の中小企業政策の研究から始まり、米国、欧州、アジア諸国、アフリカ諸国、南アメリカなどへと領域を広げた。ただし、アジアやアフリカ、南アメリカについては文献などをあまり読んだことはなく、もっぱらこうした地域の中小企業政策担当者とのセミナーやワークショップを通じて得た見聞の蓄積が大きい。

セミナーで重要なのは、議論を行うときの共通基盤の構築である。わたしは中小企業政策については、基礎としてつぎの三点を設けている。

㈠　政策とは、スポーツなどを行うスタジアムの整備のようなものである―スタジアムの整備とは制度の整備を意味する。たとえば、優遇税制や中小企業の金融脆弱性をカバーする信用保証制度などがあげられる。

(二) 政策とは応援団の一部ですべてではない―応援団として「がんばれ」というだけでは実際にはあまり助けにならない。低利融資などは実質的な励ましになる。現実には日本でも四七〇万を越える中小零細企業があり、公的融資制度はこれらすべての企業をカバーできるはずもない。よって、本来の応援団、つまり、私設応援団である民間金融機関や投資家がどれほどの応援をしてくれるかが重要である。

(三) 制度や政策は、利用者がいなければ不必要な応援団にすぎない―スタジアムも整備され、そこに応援団が応援旗や鳴りモノをもって待機していても、実際にプレーをする選手が十分に揃わなければ、試合そのものが成立しない。同様のことは中小企業政策についてもいえる。

(三)の点については、わが国でも開業率の低下問題として重要視されてきた。すこし数字を確認しておく。中小企業庁が総務省『事業所・企業統計調査』をベースに算出した開業率の近似値―実際には純粋に企業ベースではなく、事業所や工場の開設・閉鎖ベース―をみておこう。

一九六六～六九年の製造業開業率は六・五％（廃業率は三・二％）であったのが、一九八五年ころから低下が顕著となり、二％台を割り込む期間も出てきた。一九八九～九一年は二・八％（同四・〇％）、一九九四～九六年は一・五％（同四・六％）、一九九九～二〇〇一年は一・六％（同四・一％）となっている。他方、第三次部門の開業率はつねに製造業を上回ってきた。特に、卸売業は一九六九～

七二年に八％を超えたが、最近では三％程度となってきている。小売業やサービス業も漸減傾向にある。それでもいまも四％前後となっている。廃業率については、サービス業と比べて卸・小売業で高い。

比較的参入障壁が低い商業やサービス部門ではこれまでも開業率が高く、製造業では低いのは、日本のみならず主要国に共通した傾向であった。問題は、こうした共通傾向や人口動態の変化―当然、高齢者が増えれば「退職的」廃業率は上昇し、出生率が低下すれば開業率は低下する―を差し引いても、これらの数字が低水準かどうかである。

卸売業の場合は、扱い商品における国内産地の衰退と輸入品の増加という流通変化によって影響を受けたものの、開業率はそれなりの水準である。小売業やサービス業の開業率も決して低くはない。問題は製造業であって、その開業率の低下はプラザ合意による日本の海外直接投資の増加時期に呼応している。開業率の低迷は、もはや従来型の製造業では、輸入品の影響もあり、日本において比較優位が保てないことを示唆する。今日、製造業部門での起業にはより高度な技術や生産方法での参入条件が必要となっている。

日本経済新聞の西岡幸一は『あさひ銀総研・レポート』（一九九八年一一月号）の特集「日本の中小企業が米国から学ぶ」で、スタンフォード大学ビジネススクールのミラー教授の所説を取り上げ、シリコンバレーでの活発な起業を促進している「三つのＯＫ」条件にふれている。すなわち、①失敗してもOK、②転職してもOK、③だれとおしゃべりしてもOK、の三つである。

一九九八年のシリコンバレーといえば、つぎつぎとIT分野で上場企業が誕生していた。その後、ITバブルは一段落する。だが、これらの条件はいまもシリコンバレーでの事業展開の底流である。この三つの「OK」というのは起業条件だけではなく、起業後に失敗した場合の再挑戦条件でもある。

起業条件ということでは、産業組織論の始祖であるベインなどが米国産業を分析してつくり上げた「参入障壁」という考え方がいまも有効だ。その一つは「資本障壁」。もう一つは「技術障壁」である。起業に必要な資金―自己資金や借入資金など―が十分ではなく、起業分野に必要な技術―知識、経験、市場開拓など―が不十分であれば、事業展開などそもそも無理である。だが、起業に失敗した場合、その経験はつぎに挑戦する場合の技術障壁を実質的に低下させる。そしてその際、成功の確率を上げるのは、この三つのOK条件の整備である。製造業ではこれらの条件が非常に重要である。改めて三つの条件を取り上げる。

① 失敗してもOK―失敗してもOKといってくれる投資家がいることが前提である。事業融資（ビジネスローン）を平気で踏み倒すような起業家ばかりだと、そもそも金融市場など成立しない。もちろん、成功してハイリターンであればより望ましい。だが、失敗しても技術的な蓄積が残るような場合がある。技術系起業の場合は、失敗してもその技術的蓄積は埋没費用（サンクコスト）にはならない。

②　転職しても「ＯＫ」―日本でも、成功した起業家が、若い時期にさまざまな職種、工場や商店を経験し、いろいろな知識、専門性、経営センスを身につけたケースは多い。

③　だれとおしゃべりしても「ＯＫ」―技術者、科学者、研究者、ベンチャーキャピタリスト、弁護士、経営コンサルタント、弁理士、成功した起業家などが集積し、縦横のネットワークが濃密に形成されているシリコンバレーは特別のケースかもしれない。

この最初の「失敗ＯＫ」論については、米国国務省が発行している電子情報誌『経済展望』(E-Journal USA, Economic Perspectives) の特集「企業家精神と中小企業」(二〇〇六年一月号) に、ニューメキシコ大学法学部のナタリー・マーチン教授が「米国（連邦）破産法―リスクテーキングの奨励と企業家精神―」という論稿を寄稿している。編集者は冒頭でつぎのようにこの寄稿を要約している。

「多くの諸国とは異なり、米国で事業を失敗してもマイナスではない。事実、米国破産法は、事業失敗者たちが事業を引き続き継続することを促すようにできている。筆者は『米国で事業に失敗しても、個人は恥や貧困の中で生きることもなくやっていけるのだ。やり直せることが、米国人が事業分野で積極的にリスクを冒すことを促し、このことが経済全体にとって素晴らしいことなのだ』と書いている。」

破産法は、事業の行き詰まりによって被害を受ける人たちを保護する目的で制定された。米国破産法にはその負債処理の方法によって第七条（清算手続）、第一一条（自主再建）、第一三条（裁判所による返済計画）の規定がある。個人破産ではない事業上の破産については第一一条が通常、適用される。この第一一条は、被害を受けた人ではなく、被害を与えた人に有利な倒産処理方法である。この点からして、被害を与えた経営者に厳しい規定である日本の「会社更生法」と比較して、米国の場合、事業再生の意識が高い。米国破産法の背景をマーチン自身の文章で紹介しておこう。

「米国の規制構造は、人びとの事業展開を促し、成功し、人を雇い入れ、税金を払うことを促し、換言すれば、経済全体を改善する期待の下に発展してきた。この過程で、失敗する人が出てくることもある。文化として、わたしたちは自らの職やおカネをかけ成功のためにリスクを冒す積極性に価値を置いているのだ。この考え方は新しいものではない。……不払いへの寛容性という法文化は、たとえ以前において失敗経験があっても、やる気のある人たちに事業を継続させてきた。欧州と比較しても米国破産法の相対的な寛容さはショックを与えるかもしれない。……」

彼女は、食品企業創始者のジョン・ヘンリー・ハインツやフォード自動車の創始者ヘンリー・フォードなどが失敗しながらも最終的に成功者となったことを強調しつつ、米国破産法が中小企業や起業家を元気付け、米国経済を活性化させていることを述べる。

「信用システムとその対抗措置の破産処理システムは明らかに中小企業と起業家を支えている。……平均的米国人なら、担保を差し出すことなく五万ドル、あるいはこれ以上の金額を銀行、クレジットカードなどで借りることができる。多くの事業家はこうした資金源によって事業を始めている。米国以外の国民は米国破産法を変なものとみなす……多くの国では負債は簡単には免除されず、金融破産すれば恥と見なされている。欧州でも、事業破産は恥と見なされる……日本などでは、わたしが調べたところでは、金融破産の恥は強すぎて、人びとを自殺に追いやっている。だが、日本、イタリア、フランス、英国やドイツなどでも、企業家精神を促すためにそれぞれの法律を緩和し始めている。……しかしながら、米国破産法は、(事業目的ではなく消費のために消費財を購入している場合には容赦はない。……米国で経済を活性化させることは市民の義務と見なすこともできる。信用リスクを冒し事業を開始することで金銭的な見返りを得ることができる。事業がうまくいけば、企業家は繁栄する。失敗すれば、その人はつぎの機会を得ればよい。」

マーチンがいうように第一一条型の破産処理は、経済環境などの急激な変化によって事業が行き詰まったものの、経営などの面で優れた企業に立ち直る機会を残している。バブル崩壊後の日本では、金融機関の貸し渋りあるいは貸し剥がしによって、優れた技術や経営手法をもった中小企業までが倒産したことを考えると、これは日本でも取り組むべき課題である。また、研究開発型起業の場合には、もっとも不安定な最初の数年間の失敗の救済や、あるいは失敗してもつぎの機会に挑戦できるような仕組みが重要である。ただし、マーチンも指摘しているが、日本でも「和議法」が廃止され、現行経営陣の再建を促す「企業再生法」が二〇〇〇年四月一日から施行されるなどの動きはある。

しかし、米国に問題がないかといえば、第一一条による破産処理と再建が大失敗となり債権者に大きな損失を与えたケースも決して少なくない。また、意図せざる事業失敗やモラルハザード的に意図した倒産―粉飾決済などを含め―などすべてを、事後処理的に破産法で処理することにも大きな問題がある。これは日本でも計画倒産問題として取り上げられてきた。

マーチンは、欧州や日本が事業破産に対して寛容でないと指摘するが、そこには文化的背景の相違が厳然としてある。たとえば、欧州各国で発達した協同組合、とりわけ農村金融は地縁血縁というなかでの貸出であり、だれもが借り手の財政状況や支払不能になった場合の保証者を知っていた。この場合には、借り手側のモラルハザードは起こりにくい。これに対し、人の出入りの激しい都市での商工業者への組合金融においては、農地のような担保設定は困難であり、必然、モラルハザードが起こりうることを前提に、農村金融よりは厳しい制度となった。

こうしてみると、欧州は米国型の移民社会とは異なる。米国はといえば国土が広く異なる地域の企業信用状況を知るのが困難である。ゆえに、信用調査会社が早くから発達した。そして、日本はどちらかといえば欧州に近く、産業組合制度もまたドイツなどの制度を模倣した。

世界を見渡せば、多民族国家である米国の方が文化的にも例外である。米国の政治学者セイモア・リプセットは『米国例外論』で、どの国も米国を容易に模倣できないことを説いている。それゆえ、起業リスクを軽減する条件についても、欧州諸国や日本は、その文化的背景に合ったより自然なかたちで整備していくことが肝要である。

## 第二節　知識と創造

### 起業リスク

経営評論家の梶原一明は、『あさひ銀総研・レポート』（二〇〇〇年一二月号）の特集「語り残したいこの『起業家』」で、三人の起業家を紹介している。わたしもこの三人に焦点を当てて、起業家類型を試みよう。

一人目は広瀬太吉（一九〇一～二〇〇〇）である。この名前を聞いてもピンと来ない人も多いだろう。彼は世界の電器・電子街「秋葉原」をつくり上げた功労者の一人だ。広瀬は富山県で生まれ、その当時の多くの若者と同様に小学校を卒業するとすぐに丁稚奉公に出た。後に上京し、銀座の婦人和装店に職を得た。日本でラジオ放送が開始されると、その可能性を確信。大正一四［一九二五］年にラジオ部品の卸売商・広瀬商会（一五年後に広瀬無線電機へ社名変更）を起業。昭和八［一九三三］年に、秋葉原に自社ビルを建設した。このビルは東京大空襲で焼失。再建は昭和二九［一九五四］年であった。

戦後の秋葉原周辺には、旧陸軍や駐留米軍が「放出」した無線機器や部品を扱う闇市の露天商が並んだ。広瀬自身は闇部品には手を出さず、あくまでも正規ルートの仕入れにこだわった。やがて、闇市が占領軍総司令部や東京都によって撤去され、秋葉原には露天商が入居できる共同店舗が建設され、いまの秋葉原が形成され始めた。そこには広瀬らの尽力があった。広瀬の掲げた経営理念は「信用とは無限の繁栄」である。

二人目は高木禮二（一九二五〜）である。書類などを裁断するシュレッダーの明光商会の創業者であるといえば、察しがつくであろう。高木は、銀行員の家庭に生まれた。拓殖大学を中退後、高木は敗戦の混乱の中で闇屋、トラック運転手、ナイロンストッキングの修理屋などをやって食いつないだ。当時、ナイロンストッキングは高価であって、その修繕費を支払う方が新品を購入するよりも安いことから、この商売は儲かった。だが、大量生産でナイロンストッキングの品質が上がると同時にその値段も下がり、使い捨ての時代がやってきた。高木の商売は行き詰まった。

高木はこの事業から撤退し、リコーの子会社でコピー機の販売員となった。その後、上司と衝突してリコーを辞め、明光商会を起こした。自分で感光紙の現像液を見様見真似でつくり始め、何とか目途をつけた。この間に営業で回った事務所で機密書類などの処理に困っていることに気づく。むろん、だれでもこうしたことを感じていたわけで、高木の非凡さはこの問題を解決という面からとらえたことである。高木は町工場にシュレッダーの試作機を五台つくってもらった。昭和三五［一九六〇］年のことである。これが日本初のシュレッダー開発となった。

三人目は石井久（一九二三〜）。立花証券（当初は江戸橋証券）の創業者である。石井は大正一二［一九二三］年に福岡県の農家に生まれた。小学校を卒業して、鉄工所で働いていたが、敗戦の混乱がまだ残る昭和二一［一九四六］年に弁護士を夢見て上京。挫折して、巡査となった。しかし、巡査の薄給では食えず、取り締まる方から取り締まられる方の闇屋となる。

この時得た資金を元手に証券業界に飛び込んだ。二五歳のときであった。翌年には、歩合外交員として独立。この五年後、石井を世に出すことになる事件が起きた。

当時、日本経済は朝鮮特需で復興から成長へのきっかけをつかみ、株価も上昇を続けていた。そうした中、石井は株の歩合外交員をしながら、株式新聞に記事を書いていた。そして、昭和二八［一九五三］年二月、石井は株式市場大暴落を予測する記事を書いた。

この記事の一か月後、ソ連側のスターリン首相の病状が重態と伝えられた。株式市場は世界情勢の混乱を予想して過敏に反応し、投売りとなった。株価が一本調子で上昇してきたあと、日経平均で一〇パーセントの大幅下落は株式市場を一気に沈静化させた。六年後、石井はすでに創始していた証券や物産会社を統合して立花証券を立ち上げた。三四歳のときであった。

梶原は、この三人の経営者を「後世に語り継ぎたい」人たちとするが、残念ながら、その理由については彼らを「戦後日本の申し子」と述べるだけで何も言及していない。だが、わたし自身は起業家のある種の類型を考える上で、この三人はおもしろい選択ではなかったかと思う。この三人には時代の申し子という成功者像以上に、いまに通ずる共通点があるからである。

㈠　勤勉・原資―彼らのインタビュー記事や自叙伝風の随筆などを読むと、謙遜の部分もあろうが、押しなべて勤勉で働き者である。この勤勉さがある程度の蓄財を生み、それが彼らをしてインスピレーションを感じた分野での創業に素早く踏み切らせた。若い頃の信用がまだ定まっていないときには、投資家などエンジェルがすぐに見つかるはずもなく、蓄財は重要である。

㈡　学習能力―三人とも早く社会に出て、数多くの職業を経験した。むかしもいまも、こうした若者を我慢が足りないと批判する。だが、経験からなにを貪欲に吸収し、学び、生かすかということこそが重要である。この意味では、彼らはいずれも学習能力の高い人たちであった。

㈢　先見性―先にインスピレーションといった。これを先見性と言い換えてもよい。石井の株価予想はとりわけそうだ。広瀬や高木の場合にも、顧客が何を必要とするかについて先見的感覚が鋭かった。どんなに素晴らしい商品やサービスであっても、その顧客や市場が見えなければ画餅である。

㈣　時代感覚―㈡や㈢とやや重なるが、何でも顧客志向でよいのかというとそうではない。時代の変化をつかみ取り込むことのできる柔軟性が彼らにはあった。

これら四つの点は、有名無名を問わず、多くの成功した起業家たちに共通する。この四つの条件からある程度類型化された起業家像を描き出すことは可能である。ただし、いまと当時の起業家を比べれば大きな相違点がある。それはリスク感覚である。当時の起業家には、失うモノがない強靭さがあった。

前述の広瀬は、銀座和装店の丁稚時代に蓄財したわずかな元手からラジオ部品卸しを始め、念願の店を秋葉原に建てた。だが、東京大空襲ですべてを失い、戦後またゼロからのスタートを余儀なくされた。石井は福岡県の八男五女の赤貧洗うが如き貧乏農家に生まれ、上京し蓄えたわずかの財産を戦後インフレーションで失った。そして、才覚だけが頼りの証券業界（当時は株屋）という浮き沈みの激しい世界に飛び込んだ。この点、高木は七人兄弟といっても、横浜正銀の銀行員の家の生まれで、恵まれていた。しかし、この高木も実家の資産がインフレーションのなかで紙切れになるのを経験した。

戦火による焼失、敗戦、インフレーションによる蓄えの消失、そして価値観の転換、就職難、不安定な就業など、数々の災難を経験した当時の人にとって、起業とは遠くにある頭でっかちの「理論」でもなければ、そんなにリスクが高い行為でもなかった。

事実、闇荷を担いだりスクラップを拾い集めていた多くの人が、後に露天を商店に、あるいは、粗末なバラックの土間を町工場に変えていった。失うモノがない者のたくましさがそこにはあった。こうしたなかで、先に掲げた四つの項目を満たした起業家が、生業や家業を「事業」に変えていったのではあるまいか。いま、日本経済が企業経済（enterprise economy）から起業家（entrepreneurial economy）になかなか移行できず、その担い手である起業家が少ないとすれば、このリスク感覚のあり方にこそ原因があろう。

通常、「リスク」は危険と訳す。わたしは「経済的危険度・社会的非認知度」と訳す。そうすると、リスクは単に経済的なものではなく、社会的価値観をたっぷり含んだ概念であることが理解できる。つまり、リスク感覚とは市場での事業展開の行き詰まりという経済的危険度とは別に、「それはダメである」とか「それは止めた方がいい」という社会的規範—この典型が世間体というものである—に強く影響されている。

経済的危険度が少なくても、社会的な制約のために—実際そうでなくても、当人がそう「感じる」こと—なかなか一歩を踏み出せないことが、大きな問題ではないだろうか。敗戦後には、後に高木もふり返っているように「鬼畜米英と言っていた人たちがこんどは進駐軍にべったり、あるいは昨日まで使っていた教科書がまちがっていたとか……」という価値観の混乱があった。そうした状況下では、人はリスクを経済面のみで考えることができた。

起業教育のむずかしさは、単に経済面でのリスク回避を目途としたリスク管理論や財務論、生産管理論あるいはマーケティング論だけで済ますわけにいかないところにある。そこには「リスク」に関わる社会的価値観の問題が厳然としてある。

第１図　４つの知識変換と知識のかたち

| | | |
|---|---|---|
| 暗黙知 | 共同化(Socialization)<br>暗黙知と暗黙知の関係<br>共鳴・共感的知識 | 外面化(Externalization)<br>暗黙知と形式知の関係<br>明示化された知識 |
| 形式知 | 内面化(Internalization)<br>形式知と暗黙知の関係<br>操作可能な知識 | 連結化(Combination)<br>形式知と形式知の関係<br>系統的な知識 |

出所：野中郁次郎・竹内弘高（梅本勝博訳）『知識創造企業』東洋経済新報社（1996）から作成。

## 知識と段階

起業のいろいろな側面にふれてきた。だが、起業にはさらなる前提条件がある。つまり、何を事業とするかである。そのためには思いつきやアイデアという頭の中でモヤモヤとしていることを、きちんとしたビジネスプランにまとめることが必要である。それはしっかりとしたことばで表現されなければならない。

この点については、野中郁次郎と竹内弘高が『知識創造企業』でビジネスにおける知識創造過程を提示している。野中らは主として日本の代表的大企業の研究開発過程を研究して、その知識創造過程を第一図のように描き出す。これは大組織内でなくても、わたしがインタビューなどを通じて観察してきた起業家の「内面」あるいは「内的心性」での知識創造過程にも共通する。わたしなりに再構成して示しておく。

(一)「暗黙知」対「暗黙知」の段階—いわゆる頭の中にあるアイデアが適切なことばや数式、あるいは構図で描けない「モヤモヤ」段階である。

(二)「暗黙知」対「形式知」の段階—モヤモヤした暗黙知を工学的知識やビジネスモデルという「形式知」に転換（＝外面化）する過程である。

(三)「形式知」対「形式知」の段階—多くの人がすでに知っている知識などを組み合わせ、イメージをより鮮明化する過程である。

(四)「形式知」対「暗黙知」の段階—暗黙知から出発して形式化された知識が、関係者のなかで見えない資産として形成される。それらは応用（＝操作可能）という行為によってさらに進化していく。

野中らは(一)を暗黙知創造プロセス＝「共同化」段階と名づけ、「人は言葉を使わずに、他人の持つ暗黙知を獲得できる。修行中の弟子がその師から、言葉によらず、観察、模倣、練習によって技能を学ぶのはその一例である」と述べる。起業家という個人の場合は、大組織で多くの人たちと対話しなくとも、取引先や知人・友人との対話、あるいは、いままでのさまざまな経験知や自分自身との内面的対話段階が重要である。この内面的対話段階もある種の「共同化」プロセスである。

(二)は野中らによれば、「暗黙知がメタファー、アナロジー、コンセプト、仮説、モデルなどの形をとりながらしだいに形式知として明示的になっていくという点で、知識創造プロセスの真髄である」表出化（外面化）過程であると位置づけられる。ここでいうメタファーとは直感に訴えるような隠喩とか比喩のこと、アナロジーは「……のようなもの」として示されることである。

具体例を示す。呼気測定器の研究開発型企業を一人で起こした知人がいる。彼は大学院で化学を専攻し、化学系企業に開発技術者として就職した後、開発をめぐってトップと意見が折り合わず退社した。その後、数社で技術者として働き、結果的には、数社を経験したことで化学以外の電子や機械でも専門知識を得た。そして、あるきっかけで、苦痛を伴う血液検査などではなく、患者に負担の少ない呼気の測定によって健康度をチェックできる機器の開発を思いついた。

彼のメタファーは「人にやさしい検査」「いつでも、どこでも、だれでもできる」である。アナロジーは「体温計みたいに簡単に」であった。このメタファーやアナロジーによって、彼の開発コンセプトはやさしいことばで外面化され、明示化されたといってよい。

野中らは㈢を「連結化」と名づける。それは、「コンセプトを組み合わせて一つの知識体系を創り出すプロセスである。……書類、会議、コンピュータ・データベースなどのように既存の形式知を整理・分類して組み替えることによって新しい知識を生み出すこともできる」とする。前述の呼気測定機器では、化学、電子、機械などの知識の連結のほか、いままで培ってきた取引先、友人・知人とのネットワークから得られる知識が連結され、知識が系統化されて試作機の完成につながった。

㈣は「内面化」過程と呼ばれる。これについては、「行動による学習（learning by doing）に密接に関連している。個々人の体験が共同化、表出化、連結化をつうじて、メンタル・モデルや技術的ノウハウという形で暗黙知ベースへ内面化されるとき、それらは非常に貴重な財産である」と指摘される。こうした内面化は大企業のような組織ではある種の社風であり、研究開発などの企業文化的な側面でもある。起業して間もない時期、これは組織内ではなく、むしろ取引先との関係において存在する。その意味で、既述の呼気測定器の企業や、技術者数人だけのハイテク企業などにも妥当する。

小さな企業では、開発と設計に資金を集中せざるをえない。設備投資には巨額の資金を必要とし、その後も改善等で継続的な投資を要求される。必然、小さな企業の製造部門はファブレス（工場設備を持たない意）であり、自社内ではもっぱら組立てと検査を行うだけである。このため、部品加工を担当する町工場などとの「連結化」「内面化」された知識共有の関係が必要である。

ところで、野中と竹内は前掲書の「日本語版へのあとがき」で知識創造の段階ではなく、「だれがこれを担うのか」という担い手論に言及して、つぎのように述べる。

「我々は人間の知識創造能力を大切にするのが経営のあるべき姿であると考える……個人の知識創造能力の養成と発揮という観点から再構築することなのである。……我々の知識創造理論は一組織内にとどまるものではない。市場や組織間も知識創造の『場』である。そこでは顧客や競争相手や政府との社会的相互作用によって『知』が創造される。さらにレベルを上げていくと、

『日本型知識社会』をどう構築するか、という問題に行き当たる。……知識創造という視点から見ると、組織による知識創造を得意とする日本型資本主義と、個人による知識創造を得意とする米国型資本主義という分類も可能であろう。……あれかこれか（either-or）という二元論ではなく、いくつもの主体がそれぞれの強みをもちながら多元的に共存し、それが相互に作用し合って切磋琢磨できるはずだ。」

この視点こそが重要ではないだろうか。とくに、「知識創造能力の養成と発揮」という観点はまさに起業教育の問題でもある。起業後についても、「顧客や競争相手や政府との社会的相互作用によって『知』が創造され」、それを起業家の事業運営のリスク軽減につなげることが、日本社会に起業家経済が根付くための基盤であろう。

### 成功と失敗

英国の作家バーナード・ショーは、失敗についてつぎのような文章を残している。「若いころにやったことといったら、十のうち九までが失敗だった。だから、十倍ほど仕事をしたのさ」。失敗を生かすには努力が必要ということだろう。

前節の「起業の条件」で、「破産法」で象徴される米国の起業文化は、「失敗ＯＫ」の社会文化を反映したものであり、米国には、失敗ゆえにそれを生かした成功があるという積極的な起業観が形成されていることを紹介した。前述のマーチン教授も失敗文化についてつぎのように述べている。

「失敗して恥をかき、困窮の中で生きなくてもよいことは、素晴らしい理屈以上のことだ。米国の成功した事業家の多くは最初の事業展開でつまずいている。ケチャップ界の大物のジョン・ヘンリー・ハインツ、フォード自動車のヘンリー・フォード、アメリカンサーカスを設立したピニアス・バルナムなどがそうだ。これらの男たちは金持になっていったが、その理由の一端は失敗してもやり直せたからだ。」

失敗せずに成功すればこれに越したことはない。他人の失敗による連鎖倒産などで失敗を強要される人が増えることは不幸である。失敗しても恥をかかなくてもよいのはいいことかもしれない。だが、恥をかくことを恥とすることは、失敗せずに成功するための強い刺激にもなる。

「恥」に関しては、米国の文化人類学者ルース・ベネディクトが著した『菊と刀』がある。この本は、日本の武装解除と敗戦処理の際に、米国陸軍省が「日本人をどのように取り扱えばよいのか」というヒントを得るためにベネディクトに依頼したものであった。実際に出版されたのは敗戦の翌年であり、その後の外国人による「日本人論」あるいは「日本社会論」のハシリとなった。

ベネディクト自身は日本を実際に訪れたことは全くなかった。文献と日系米国人へのインタビューを通じて「型」認識できる文化として日本の文化をとらえた。これがどこまで妥当するかの批判もあろう。敗戦を処理する方が処理される方の立場に立って、外国文化を相対化させその特徴を客観的に論ずることができるのかどうかも疑問である。本書の中で、日本の精神性の在り処を象徴化した「菊と刀」あるいは「義理と人情」の対比以上に、ベネディクトが遠慮がちにすこしだけ論じた日本の「恥の文化」―欧米諸国の「罪の文化」に対して―が、その後いろいろな人によって展開されたことで、「恥」論だけが突出した感もある。

ところで、米国人が「恥を知れ」と日常的にいわないかというとそうでもない。ただし、彼らの場合はかなり強い表現である。

米国のハリウッド関係者を襲ったレッドパージ（いわゆる赤狩り、共産主義者弾圧運動）を映画化した「疑いにより罪とする」（日本語タイトルでは「真実の瞬間」）で、ロバート・デニーロ演ずるパリから帰ったばかりの新進気鋭の監督は、友人の誤った密告で連邦議会の非米活動委員会に召喚される。「君も密告をすれば無罪（not guilty）を保証しよう」という委員長に対して、彼は「わたしの知人、友人がたとえそうであっても、彼らを売るような真似をしない」と答えた。そのため、彼の有罪（guilty）が確定し、映画業界からも追放される。法廷から連れ出される際、彼は、でっちあげに終始した委員長や委員などに対し、「恥を知れ」（Shame on you!）ということばを残して退場させられる。罪と恥の対比がそこにある。

マーチン教授は「失敗しても恥をかき、困窮の中で生きなくてもよいことは素晴らしい」と述べたが、それは、事業資産と個人資産が米国では分離される傾向にあるからだ。日本の場合には、金融機関などが実際の融資の際には担保や個人保証を求めるため、必然、負債とは事業資産と個人資産を合算したような家産のようなものとなり、失敗すれば生活に必要な財産まで失う。「困窮の中で生きる」とはこのような状態を指す。

さて、「恥」である。「恥」について、英文学者の外山滋比古と経営学者の三戸公は共に、ベネディクトの『菊と刀』を引用し、日本人も恥をかくことを恥と思わなくなったと論じる。外山は『文芸春秋』（二〇〇五年八月臨時増刊）の「アメリカから得たもの、失ったもの」という特集でつぎのように述べる。

「アメリカの文化人類学者ルース・ベネディクトは、戦前の日本文化を分析研究して、〝恥の文化〟があると指摘して（『菊と刀』）、日本人をおどろかせた。ところが、せっかく教えてもらった〝恥じる心〟を失ってしまったのである。……ヨコ社会がすぐれているという考え方がつよまるにつれて、タテ社会の伝統的心情は音もなく消えた。……全体的に、和の精神が、たくましさを追求する社会力学によっていちじるしく衰弱しなければならなかった。……われわれがアメリカから得たものはヨコ社会の文明が中心であり、反対に失ったものはタテ社会の伝統文化であったことがわかる。本来、文化と文明は交流できるものではない。次元が異なる、ただ、物質的文明を受け入れるのに精神文化を代価にしたように考えるのは正しくない。日本の失ったものの責任をアメリカに押しつけてはアメリカが迷惑するだろう。日本は勝手に伝統と文化をすてたのである。」

そして、三戸は『「家」としての日本社会』で、外山の「タテ社会」を「家の論理」に置き換え、日本人に「恥」意識はなくなった（＝「恥の終焉」）とする。

「ルース・ベネディクトの『菊と刀』である。……『恥』については検討されたものを私は寡聞にして知らない。もっとも、日本文化を「恥の文化」として規定することについて異論はない。日本人の行動、日本人の生活を律し支え、そして日本の文化を形成せしめている恥が、戦後そしてより正確にはここ一〇年の間に捨て去られ腐蝕し去ろうとしている。」

三戸はさらに続ける。

「恥は、封建的な規範なのか、家の規範なのか。そのいずれでもあると同時に、それを越える規範であると思う。人間は規範なくして生きていけぬ。……恥という規範はもろもろの規範の中で特別の意味をもった規範である。……日本人は一切の諸規範の基本に『恥』を据えたが、西洋人は『罪』を据えた。……戦後、西洋の民主主義の制度が形成され、民主主義的教育がなされてきた。だが、その根幹をなす責任倫理はどれほど説かれ、日本人の行動基準として体得されたであろうか。……高度成長の過程でサムライ国家日本は商人国家日本となり、ひたすら利に走る国民となった。手段をえらばず利を得ん恬として恥じない状況の横行をみるようになった。」

確かに、建築偽装や新興企業の株価操作にからむ問題をみていると、外山の「全体的に、和の精神が、たくましさを追求する社会力学によっていちじるしく衰弱した」という指摘とともに、三戸の「責任倫理はどれほど説かれ、日本人の行動基準として体得されたであろうか。……手段をえらばず利を得ん恬として恥じない状況の横行をみるようになった」という指摘のもつ意味を考えざるを得ない。

ここで、起業をめぐる失敗と成功という課題に戻れば、手段を選ばず、責任倫理を著しく欠いたような成功は「恥」以外のなにものでもない。反対に、責任倫理をもち手段を慎重に選んだ結果としての失敗は決して「恥」ではない。そうしたビジネス倫理の基準があってはじめて、「恥」の本質があろう。

話はそれるようだが、先に紹介した電子ジャーナル誌に、ドーナツ店のチェーン展開で成功を収め、起業予定者などに起業ノウハウのオンライン無料サービスを行っているフィル・ホランドが、「成功するためのリスト」と早期撤退組の失敗例を挙げている。参考までに紹介しておこう。

まずは、成功リストから。①強い独立独行の精神、②事業を楽しめること、③持続性のあるニーズを満たすサービスや製品に焦点を絞れること、④すでに経験のある分野であること、⑤会計とキャッシュフローの基本的知識をもっていること。

このあとに、ホランドはさらに五つの点を補足する。傾聴に値するので、列記しておく。

⑥　市場の明確化—「市場の明確化が事業を始める誰にとってももっとも重要な決定事項である。

絞った市場で事業を展開することがもっともうまく行く。」

⑦　ビジネスプラン（事業計画書）をきちんと書けること—文書で書くことで、自分の目標がはっきりする。

⑧　法律の遵守—「可能であれば、事業の必要な許可や資格などで弁護士の助言を受けることが望ましい。」

⑨　パートナーを見つけること—自分と補完効果をもつ人材が重要である。ただし、最悪なのは判断も悪く、考え方や倫理観が異なるようなパートナーをもつことである。

⑩　外部資金に依存するな—銀行が貸してくれないことに失望してはならない。預金、家族や友人からの資金提供でささやかに始めればよい。

つぎに、失敗することになる「やってはダメ」のリストである。全部で九項目ある。成功はある意味で失敗の対極にある。ゆえに前掲の項目と重複するが、紹介しておく。

(一)　正しい事業の選択をしないこと—「不動産の場合は、立地に勝るものはない。同様に事業の場合は、素晴らしい機会に勝るものはない。」

(二)　外部資金に依拠して事業を起こすこと—「最初は自身の貯金である。事業を開始できなければ、まずは預金を開始すること。」

(三)　準備不足のまま事業を起こすこと—「仕事をもっていれば、フルタイムで自分の事業に従事できるまでその仕事をやめてはいけない。あるいは仕事をやめず、自分の事業をパートタイムで始めればよい。」

(四) 人の意見を聞かないこと――「多くの起業家は人からの助言を聞かない。学ぶことが大事であり、その分野にいた人たちの経験から学ぶことが重要。」

(五) 弁護士に相談しないこと――「リース契約やパートナーシップ契約など重要書類の契約で、弁護士に相談しないことの損失を忘れてはならない。」

(六) 会計とキャッシュフローを知らないこと――「係数管理が重要。バランスシート、損益計算書、キャッシュフロー表などが分からなくて、どうして経営状態がわかるのか。」

(七) 内部統制をうまくできないこと――「目標は自分の事業が無駄なく、詐欺に合わず、不正直な従業員を抱えず、単純な失敗もなく、収益を上げることであり、このためには内部財務監査をしっかりする必要がある。」

(八) 早期に事業を拡張しすぎること――「安定もせず、利益も出ないのに事業を拡張しない。……最初は小さなスケールでやってみるのが良策である。」

(九) すぐに対応できないこと――「大きな問題が起こったり、不況になったりしてすぐに対応できないことで失敗する。……キャッシュフローをプラスに維持するためにはすぐにコストを削減する。……忘れてならないことはビジネスには循環があること。得意な分野にこだわり、逆境に当たり前であるが、当たり前のことが当たり前のように実行できないゆえに、ビジネスは行き詰まる。

耐える。」

## 第三節　創造と価値

### 創造と価値

「知識創造」とは直線的で単純なものではない。新しい技術やビジネスモデルは、その端緒は思いつきであって、それをかたちあるものとして確立させるにはいくつもの段階が必要だ。これについてはすでに述べた。その際、第一図で見た、暗黙知を共同化して形式知に転換（外面化）された知識創造が価値を持つのかどうか。この点が重要だ。

人はだれでもモヤモヤとしたかたちで何らかの種（Seeds）をもっている。たとえば、秋葉原の基礎をつくった広瀬は和装店で呉服を扱いながら、日本でラジオ放送が開始される情報に接するとインスピレーション（＝「種」）を得た。彼は、いずれラジオが普及すれば、人びとは自分たちでもラジオをつくるだろうと予測した。このニュースは広瀬だけでなく、多くの人たちも聞いていたはずだ。同じことはソニーの創業者の一人である井深大が、当時、補聴器などにしか使われていなかったトラ

第２図　知識創造と価値創造

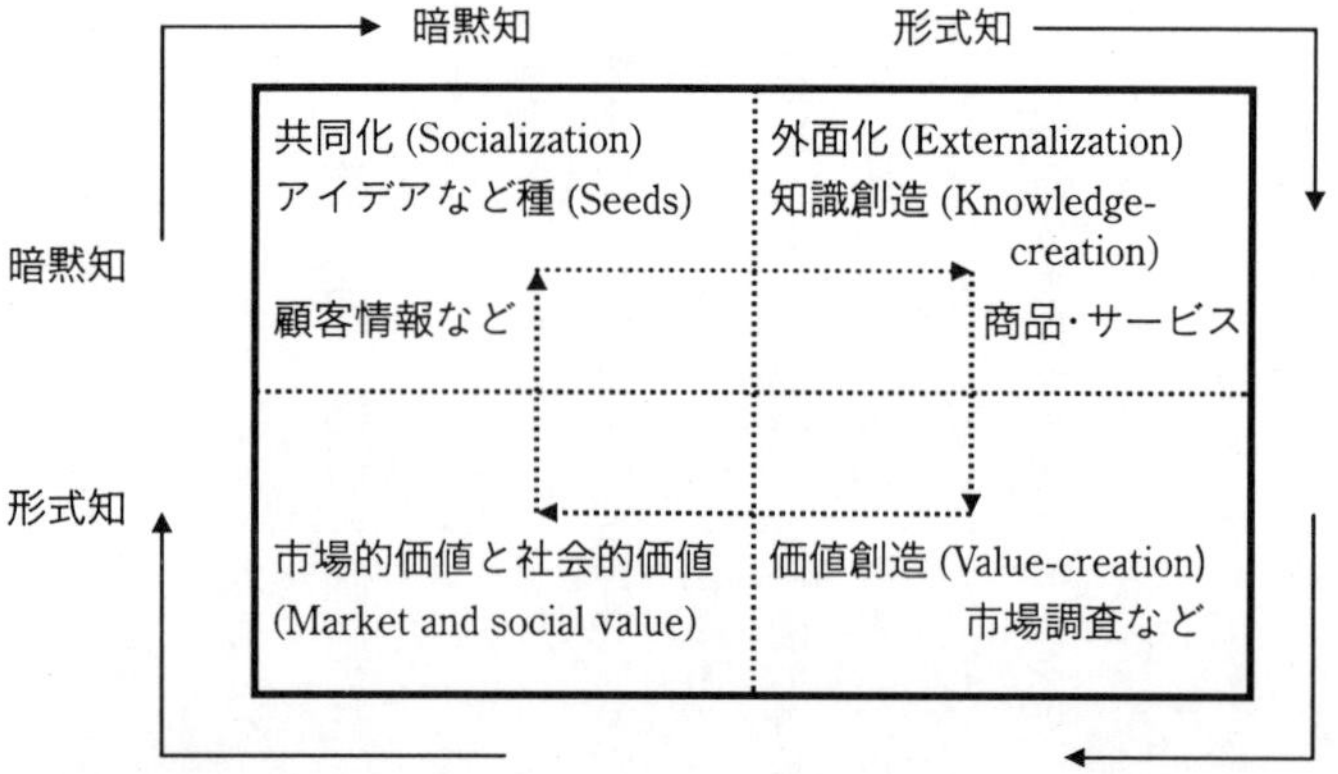


出所：野中郁次郎・竹内弘高（梅本勝博訳）『知識創造企業』東洋経済新報社(1996)から作成。

ンジスターをラジオに応用することを思いついたことにも共通する。

この二人が先行できたのは、すでに彼らの頭のなかに、適切なことばに置き換えられなかったものの、モヤモヤとした原石のようなアイデアが宿っていたためであろう。この原石を磨けばダイヤモンド（知識創造）となる。これは第二図でいえば、種（シーズ）から知識創造へ示された矢印である。広瀬の場合でいえば、ラジオ部品を必要とする顧客情報があいまいながらも形成され、それが具体的なラジオ部品というビジネスを思いつかせた。

もっとも、ビジネスになるのかどうか。つまり、知識創造＝価値創造となるかどうかはつぎの段階である。ここでいう価値には二つある。

一つめは市場的価値である。それは消費者がある一定の価格を支払っても購入したい（貨幣と商品との交換）と判断する使用価値があるかどうかである。経済的価値と言い換えてもよい。二つめは社会的価値である。その商品が素晴らしい使用価値をもち、人々がそれを購入しその効用を享受できたとしても、その使用が環境を著しく悪化させ、他人にかなりの苦痛を与えるような性質のものであれば、社会的価値があるとはいえない。

知識創造された事業がどちらか一方の価値しか満たせないとすれば、その事業には持続性が確保されない。市場的価値だけがあっても、あるいは社会的価値だけがあっても事業の成立はむずかしくなる。この二つの価値が均衡してはじめてその事業が「持続性」をもち、持続性があるからこそ経営計画を立てることができる。

こうした知識創造から価値創造への一連の過程を、野中等のモデル（第二図）にそってまとめておこう。

㈠　共同化―プロジェクトメンバーは、個々にアイデアなどの種（シーズ）や顧客情報などをイメージや経験として暗黙知のかたちでもっている。共同化とは、これらを交換し合い共通認識の領域を広げる場である。

㈡　外面化―より具体的な商品やサービスのかたちにする場である。

㈢　価値創造―明確化された商品やサービスが実際の価値をもつのかどうか、市場調査などを通じて検証していく場である。

第３図　事業の持続性と社会的価値・市場的価値

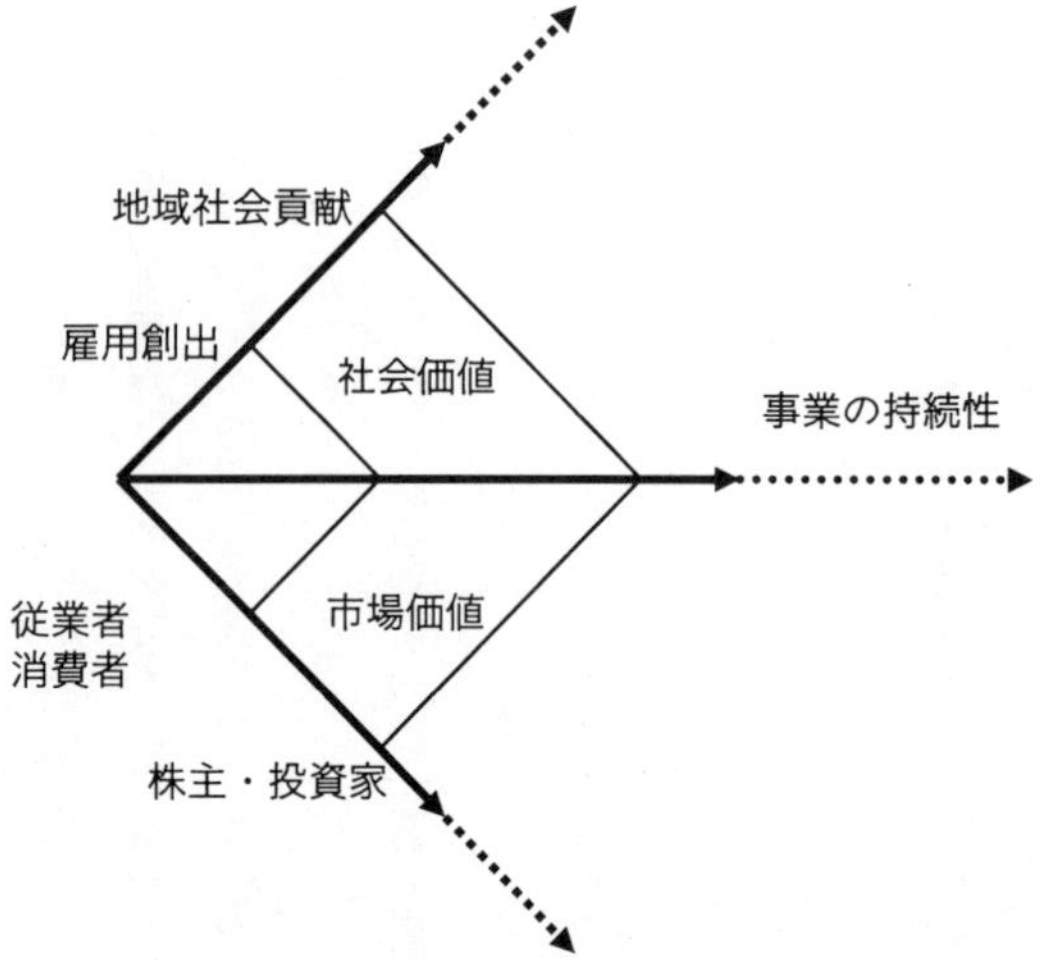


(四)　市場的価値と社会的価値―先にみた市場調査は、単に短期間での消費者の購買意欲といった面だけではなく、中長期的にみて環境負荷などの面をふまえて利用されるのかどうかの基準を形式知化する場でもある。

この最後の市場的価値（経済的価値）と社会的価値との関係を示したのが第三図である。この場合の市場的価値というのは、単に市場で購入され消費者に満足を与えるという意味だけではなく、この事業に従事する人たちの収入や、投資あるいは出資した株主などへの金銭的還元なども意味する。

他方、社会的価値というのは「公序良俗」という面だけではなく多岐にわたる。それには、雇用創出など地域社会へのさまざまな地域貢献のあり方が含まれると同時に、その時代の社会的要請に応じたいろいろな貢献が求められる。

わたしたちには当初あまり耳馴染みがなかった「コーポレートガバナンス」という表現で日本に紹

介された、欧米の株式会社の制度比較は、この二つの価値の不均衡によってもたらされた問題でもあった。

## 価値と市場

市場的価値にしても、市場での企業価値の指標である株価ばかりを上昇させるために、従業員や消費者を顧みない企業行動は、やがて社会的価値という面での信頼を損ねる可能性がある。そこで、企業の均衡ある行動を誰が求め、誰が実際に是正するのか、という問題が出てくる。この意味において、コーポレートガバナンスは「企業統治」とも訳される。

しかし、統治というのは、わたしたちの語感として馴染まない。それは、「統治」ということばが植民地統治や統治機構などに使われ、一方的な支配権の行使を連想させるためであろう。元来、ガバナンスの原義はラテン語でもギリシア語でも「舵取り」「操舵」に由来する。この意味では、コーポレートガバナンスとは「企業の舵取り」「企業の操舵」ということになる。これは日常の経営実践上の動態的概念であって、監査などある一定時点で行う静態的なものだけではない。

この舵取りには二つの側面がある。すなわち、外部的側面と内部的側面である。外部的側面とは、企業の「航海進路」のなかで絶対通過させてはいけない領域を法律で定めることである。いわば、それは海図が浅瀬など危険な場所を示しているようなものである。そこを通過すれば、座礁や沈没が予想され、乗組員―従業員、取引先、消費者、株主、投資家など―を危険にさらすことになる。この場合、船長などの船の運行管理者が裁かれて当然である。

この外部的な側面は「コンプライアンス」という、やはりわたしたちに馴染みのないことばで取り上げられる。このことばは「従順さ」を意味する。危険地域に入って航海しない「従順さ」のことである。通常、コンプライアンスは法律遵守などと訳される。ここでいう法律とは「会社法」や「商法」などである。

内部的な側面は、海図（＝市場）上入ってはいけない海域をのぞけば、自由に航行してもよいが、その場合でも遵守すべき行為を意味する。たとえば、荒海（＝景気後退）を甘くみて航海を続行（＝設備投資の拡大など）したために浸水し、多くの被害（＝赤字決算）を被るようなことである。この場合、船長の判断をだれが早期に正さなかったのかの責任論が生じる。むろん、ほかにも人事、決算などの不適切な処理や判断などが問われる。こうした経営層の舵取りに対しては、株主総会、取締役会、監査役による監視がある。だが、これらはしばしば事後的なものである。

海難事故では、航行において自前に注意をすれば起こらなかったことも多いと聞く。同様に、企業経営においても外部的あるいは内部的なチェック以前に、内部での注意、すなわち、内部組織の倫理観（モラル）が問われる。先に述べた知識創造の四つの場でも、価値と市場との関係がつねに緊張感をもって問われるべきである。

市場そのものは社会的規範を決定できない。また、市場機構はその外部不経済については脆弱である。市場の失敗がもたらした数多くの不幸な結果がそこにある。その典型が、個人では処理できないほどの苦痛と損失を生み出した公害病などであった。

起業教育プログラムの構成においても、会計や諸管理理論といったかたちでテクニックだけが強調されてはならない。市場原理は、市場への参入を促進し、競争によって資源の効率的な配分を促すが、その及ぼす外部不経済には敏感に反応しない。また、寡占化や独占化を通じて起きる弊害に対しても、市場機構そのものは正常化作用を持ち難い。それゆえに、市場外からの監視や法的規制が必要である。こうしたことが起業教育プログラムにも取り組まれる必要がある。この意味では、歴史教育も重要である。人は残念ながら、歴史を知らなければ、同じ誤ちを繰り返す存在である。中国の作家のことばに、「歴史を深く知るものだけが未来の主人となれる」との指摘がある。

市場と価値の間にビジネスは成立する。あくまでもこの両者がバランスをとってこそ、ビジネスは持続性と発展性をもつ。

# 第三章　起業教育原論

## 第一節　起業教育原理論

### 学びのかたち

シカゴ大学経営学部でビジネス心理学を教えたコーンハウザーは、一九二四年に『勉強の仕方―大学生・高校生への提案―』（邦訳『大学で勉強する方法』）という一冊の小さな本を書いた。シカゴ大学やペンシルバニア大学で大学生向けの教育プログラムを担当し、「いま」の学生に適切な「学びのかたち」を伝えるガイドブックを探していたエナーソンは、この本に出会う。エナーソンはこの本に最低限の修整を施し、半世紀ぶりにこの小著を生き返らせた。その後、この小著はいまにいたるまで細く長く読み継がれてきた。

同書はノウハウ本にもかかわらず、大学での起業教育原論のあるべき方向を示唆している。すなわち、コーンハウザーは大学での学びをつぎのように位置づける。

「勉強にはふたつの目的がある。ひとつはまとまりのある知識を獲得することであり、ひとつは何かをする能力を獲得することである。……けれども、知識を獲得するために勉強することと能力を獲得するために勉強することの間には、それでもなお強調点にちがいがある。大学における勉強に関して言えば、強調される主要な点は疑いもなく、能力を開発するという後者にある。……知識とは、それを利用するものであり……知的な考え方や行動の基礎には、つねにしっかりとした知識が伴っている。……勉強の仕方を知るということは、考え、観察し、集中し、組織し、情報を分析する仕方を知ることなのである。」

コーンハウザーは「学生が勉強の仕方を学んでいないとすれば、教育のもっとも重要な仕事が放置されている」と指摘する。わたしも、八〇年以上も前のこの意見に共鳴できる。

この本の中で、彼は効率的に勉強の仕方を身に付けるための四つのやり方を提示する。わたしはこれをすこしデフォルメして、学びの「四サイクル・エンジン」と呼んでいる。この表現は、「情報」という燃料を「学び」というエンジンで「知識」という出力に変換する感じにピッタリだからだ。それはつぎのようなものだ。

㈠　第一サイクル〈いま学んでいる分野について情報を集めること〉―「その教科について知れば知るほど、あなたはそれに興味を引かれるようになるであろう。……これと同様なことが、どのような分野にもあてはまる。」

㈡　第二サイクル〈集めた新しい情報とすでに知っていることを結びつけること〉―「新しい事実が、あなたが関心を持っている問題とどのように関連するかを考えなさい。歴史上の事件が新たな関心を引き起こすのは、それが現在の論点との関連だととらえられた場合である。物理や化学が日常生活にどのように応用されるのかを知ると、多くの学生はその教科がもっとおもしろくなるのである。」

㈢　第三サイクル〈新しい情報を自分の物とする〉―「新しい情報を、あなたが本当に関心のある問題と結び付けなさい。」

㈣　第四サイクル〈新しい知識を実際に利用する〉―「疑問を投げかけてみなさい。つぎに何が来るのか。その結論はどうなるのかを予想し、そしてそれをチェックしなさい。そこで思いついたことについて考え、話し、そして書きなさい。……友人や教室の仲間と難しいポイントや疑問となるポイントを議論しなさい。」

コーンハウザーは、この四サイクル・エンジンを始動させ完全燃焼させる気化器（キャブレター）のような働きをするのは、読み方、ノートの取り方などのテクニックでもなければルールのようなものでもないとする。それは「やる気」であり、「為す意思」であるとする。コーンハウザーはつぎのように述べる。

「重要な要件とは、やる気である。それは学び、そして達成したいということへの強烈な意欲であり、知的なことがらへの興味、学究活動での『為す意志』のことである。……その他のすべては、この気力のあとにくるものである。」

そして、彼はこのためのステップを懇切丁寧に挙げる。起業教育の具体的プログラムを組む上でも、このステップは非常に大きな意味を持ってくる。起業教育プログラムは抽象的でなく具体的なものでなければならぬ。コーンハウザーのステップを応用して、つぎのように掲げてみよう。

① 第一ステップ〈明確な目標と理念の設定〉—人は「何の関心もなく、『何とかなるだろう』という態度でも、自分の将来について緊急事態に直面すれば、誠実で活力にあふれた努力を行う方向に変化することがある。伝記を読むことが、しばしばこのような変化を引き起こすきっかけとなることもある。しかし、このような変化をもたらす、もっとも簡単で、もっとも直接的なきっかけは、あなた自身の生活をしっかり考えることである。自分自身についてすこし考えて（みなさい）。」

② 第二ステップ〈突き動かすものを感じ、自分の眼前にある課題を実行すること〉—「現在の課題とあなたのその後の勉強との関係をはっきりと把握しなさい。勉強に向かう動機にはいろいろなものがある。そうした動機をしっかりと持って行動しなさい。」

③ 第三ステップ〈自分の個人的な問題から目をそらさず、まず悩むこと〉—「その問題を取り除くために何を変えることが必要なのか。そしてどこを変えることができるのか、を。ときには、

外部の条件を変えるより、目的や希望を変えるほうが簡単であることを思い起こしなさい。いかなる場合にせよ、重要なことは、何をなされなければならないのか、そして、どの部分が可能なのかを決定することである。たとえ、完璧な解決に至らなくとも、ある解決は他のそれよりもよいであろう。何がベストであるかを決定し、あなたの一連の行動の計画を立てなさい。」

④ 第四ステップ〈行動計画と作業の組織化〉—「行動計画を立てることが不可欠である。……作業を組織化し、それを継続していくことが成功の秘訣である。」

第一ステップから第四ステップは、単に学びの手順としてだけではなく、ビジネスのアイデアを考え、そのビジネスプランを作成するときの手順にも呼応する。いま、この過程は知識経営（ナリッジ・マナジメント）論で重要視されている。コーンハウザーの八〇年前のこの指摘はいまも新鮮である。彼のことばを引用しておこう。

「『なぜ勉強するのか』とたずねられたら、その答えは明らかにつぎのことである。『私の勉強は役に立つであろう。なぜなら、獲得した知識と勉強の習慣によって私は利益を得るから』。あなたは学んだことを利用するであろう。……あなたは新しい問題を考え抜いたり、新しい結論を引き出すときには、あなたの知識を使っている。……計画したり、活動したりする場合に、すなわちあなたの行動の場面すべてで、あなたはあなたの知識を使い続けているのである。勉強する大きな目的のひとつは、知識と技能を利用可能な状態にすることによって、思考と行動を効率化することである。……知識は思考と行動を通してのみ獲得されるのである。本の中にある材料があなたの頭の道具の一部となるのは、あなたの頭の中にすでにある知識とそれとがつながり、あなたのもっている概念と互いに関係づけて使用できる場合だけである。『われわれは為すことを通して学ぶのだ』と一般に言われる。それはこのことを言っているのである。学ぶことは、活動的なプロセスである。新しい概念を獲得するためには、それらの概念に働きかけなければならない。それらを利用し、それらについて話し、書き、それにもとづいて行動しなければならない。」

コーンハウザーは本の最後に「活動的に勉強しなさい。あなたの知識を使って、いま学んでいることについて考え、話し、そして書きなさい。できるだけ多く、そしてできるだけ早く、あなたの知識を利用しなさい」と結んでいる。ビジネス教育の本質は、こうしたコーンハウザーの主張に合致する、とわたしは思う。

まさに、ビジネスとはいろいろな学びを通じて知識をつかい、ビジネスアイデアを生み出す過程そのものであり、そのための行動計画と作業を組織化することである。こうした過程をどのようにしてビジネス教育、さらには起業教育に取り込むかが重要である。そこでの課題は、「いま学んでいること」の意義をどのように設定するかである。

松下村塾方式

海原徹は『学校』で、「学校」についてつぎのように定義する。

「社会から区別された特設の場所を有し、そこには必ず教師と生徒がいる。つまり教育の主体と客体が明白に指摘でき、両者が直接的な接触や交流を行う。また学校ではふつう定まった時間割で継続的な教育が行われる。つまりプログラムがあり、予め設定された到達目標をめざして計画的な活動が展開される。……被教育者が大量に存在し、これを教授する教育者の側がそれ相当の資質、すなわち専門性を要求される。」

この定義は学校の本質をよくとらえている。つまり、「制度化」された学校とは、①社会から区別された場で、②一定基準によって生徒を選定し、③学習プログラムの存在とその継続性があり、④教育者と被教育者という関係が成立し、⑤到達目標が明示化され、⑥教える側の専門における優位性がある、ところである。問題は、学校そのものが到達目標やこのための学習プログラム、教える側の専門性を独自に決定できるかどうかだ。

現実には、この点は学校の設立者が誰であるかにより異なる。近代学校制度においては、国家がこの決定に大きな力をもった。日本でも明治維新以降、国が近代化という国家目標に到達するために教育制度を整備し、各地に学校を設立した。

一方、明治以前の江戸期には実にさまざまな私塾があった。こうした私塾の中には、いまでも人材育成面で学ぶべきところが多い。欧米型教育のなかで埋没した「学び方」「学ばせ方」のより新鮮な教育原理がそこにある。

松下村塾もそのうちの一つである。松下村塾は吉田松陰の私塾として有名だ。それには前史がある。吉田松陰（一八三〇～一八五九）の叔父が最初に萩城下で私塾を開いたものの、仕官して一端閉鎖。これを親戚のものが譲り受け再度開塾した。その後、松蔭が当時禁止されていた海外渡航に失敗し、故郷の萩城下で幽閉されたときに塾を再「継承」した。

継承といっても、海外渡航の禁を犯し幽閉の身の松蔭の私塾は、いわば藩のお目こぼしであった。ようやく山鹿流兵法伝授の私塾として藩から許可を得たのは、松蔭が江戸に送られ処刑される一年ほどまえのことであった。実際上、吉田松陰の松下村塾は、松蔭蟄居のときに「塾生」がひそかに通い始めたもので、やがて正式に認められた期間を入れても、わずか三年にも満たない。萩の松下村塾は小さな学び舎にすぎなかった。当初は八畳一間、やがて隣に十畳すこしが建て増しされただけの粗末な建物（教室）であった。

この小さな学び舎を先ほどの学校の定義に照らすと、①の「社会から区別された場」という意味では、松蔭の住居は危険人物ということで区別というよりも隔離された場であった。問題は、②以下の諸点と、松下村塾の教育方法とのかかわりである。松下村塾は明治維新、そして明治政府の多くの指導者を輩出したことを考えると、この私塾の教育方法はいまでもわたしたちの興味を引いてやまない。

海原は、『松下村塾の人びと―近世私塾の人間形成―』で松下村塾の特徴をつぎのようにまとめている。

㈠　塾生の年齢が必ずしも一定しない―「九歳、寺小屋にようやく学ぶくらいの幼年者がいるかと思えば、……修学の適齢をはるかに超えた年配者もいた。つまり子どもと大人が一緒に机を並べていたが、概して塾生の年齢は若い。」

㈡　師弟の年齢差がそれほどない―「教師の松蔭自身が二十代半ばであり、師弟間の年齢差がそれほどなかっただけに、その理想とする教師であるよりむしろ同志、もしくは友人として塾生に接することが可能であった。」

㈢　共同生活による二四時間教育―多くは萩城下からの通学生であったが、「遠近を問わず、機会を見付けて何度も寄宿を繰り返したのは、幽室を出た松蔭が彼らと一つ屋根の下に住む、つまり師弟の共同生活による二四時間教育をめざしたからである。」

㈣　時間割は柔軟―「村塾の授業は勉強したい門生が来ると始められており、時間割はほとんど完璧に学習者の意志、もしくは都合次第であった。……われわれが普通にイメージする時間割が存在しなかったことは、師弟の興至れば徹夜も辞せず、鶏鳴に達することが珍しくなかったことからも分かる。」

㈤　授業に定刻なく、受講生も一定しない―「授業に定刻がないだけでなく、それが継続的に行われない、つまり門生の出入りが不規則で、いったい誰が、何時やって来るのか分からなかった。」

㈥　論講的授業―「時間割も何もなく、勉強した者がやって来れば自然に授業が始まり、教科書も門生中心に選ばれたというと、行き当たりばったりのように聞こえるが、そうではなく、授業に取り組んだ松蔭は、教師として様々な工夫や改善を試みている。……松蔭の講義は、藩校あたりで一般的に見られた課書の字義、解釈に終始する類ではなく、そこに登場する事実や教訓を日常卑近の生活、さらには時務に関連させながら、自らの思想信条を展開していくやり方であり、むしろ論講と呼ぶにふさわしい独特のものである。」

㈦　対読と武芸―「来学者が一人や二人しかいないと講義や会読は成り立たないが、そのような場合にはよく対読が行われた。対読とは一人が読んで他が聴き、誤読を直したり、読めぬ箇所、意味の分からない部分を共に考える勉強法である。……広義の運動に含められる武芸も、盛んに奨励された。……出自の如何に関わらず、村塾に学んだ人びとが比較的容易に政治運動に関与する素地が、こうした文武両道の教育によって早くから培われた。」

こうした教育方法における吉田松陰の大きな役割はいうまでもない。だからといって、吉田松陰が長所ばかりのスーパーマンでなかったことはよく知られている。松蔭には直情のところがあった。それだけに感情的で極論もしばしばであったといわれる。この意味では、社会有為の人材を多く輩出できたのは、吉田松陰の力だけでなく、そこに集まった塾生たちとの、あるいは塾生同士のシナジー（協働）効果が松下村塾にあった。

ここで話をもどして、先にみた②以下の項目を検討してみる。②については、松蔭は来る人拒まずであって、原則、塾生選抜などは行っていない。③のプログラムについては、しっかりとしたカリキュラムはなく、柔軟な個別指導が中心であった。④の教師と生徒という関係もまたそうであった。松蔭には共に学ぶという姿勢が強かった。⑤の学習到達目標にも統一的なものはなく個性重視であった。⑥の教える方の専門性であるが、松蔭の学識は卓越していたが、知識を披瀝したのではなく、知識を如何に実践に結び付けるかが重要視された。

こうしてみると、松下村塾は近代学校制度ではおよそ滅多にお目にかからないような学校であった。海原は先に挙げた松下村塾の特徴からさらにエッセンスを引き出し、松下村塾方式をつぎのように整理してみせる。

(ア)　学ぶ者への徹底した平等主義―「村塾の教育もまた身分、年齢、性別など一切を問わなかった。」

(イ)　教師の側での明確な教育目的―「政治結社的私塾という図式からすれば、その教育は来学した人びとすべてを政治的人間ならしめようとしたことになるが、事実は必ずしもそうでもない。……政治的世界で権謀術数をめぐらすタイプではなく、各人の生活する場で地道に家業に励みながら、しかも天下国家に熱い想いを寄せる有為の人材であり、……士農工商に属しながら、それぞれの立場でこれを領導するインテリ的存在」を育てようとした。

(ウ)　各人の勉学目的の明確化―「村塾の新来者は必ず勉学の目的を尋ねられ、読書人ではなく実践家たることを強く求められた。」

(エ)　個性の尊重―「松蔭は、個人的差異なるものを、教育上の限界といったふうに否定的、消極的に捉えたことは一度もなく、むしろ天賦の個性、すべての人間に潜在する可能性という積極面からみた。」

(オ)　塾生の興味、関心、学力に合わせたわかりやすい授業―「何を学ぶか、どのような教科書を選ぶかは塾生各人によって異なっていた。……いずれにせよ、村塾では、所定のカリキュラムに合わせた教科書の配列などというものは、初めから存在しなかった。」

(カ)　友人関係を理想とした共に学ぶ姿勢―「『教授が能はざるも、君等と共に講究せん』と答えたのは有名である。これは師弟が同じ土俵で研鑽に励む、いわば同朋同行的なあり方をよしとした。」

(キ)　時代状況に敏感で、世の中の動きをしっかり認識した視野の広い教育―松蔭の「読書は広範囲に及び、西洋事情に詳しいという面では、同時代の学者の水準をはるかに抜いていた。……村塾の授業のいたるところに、その豊富な海外知識が援用されている。村塾内には、諸方を遊歴中の門生や友人知己から送られて来る様々の情報を集めた『飛耳長目録』と呼ばれる、今日の新聞風の書冊が備え付けられていた……塾生たちの閲覧に供するだけでなく、臨時教材化された。」

(ク)　机上の空論を排し、常に実践をめざし、実用、実利に資することに努めた―「松蔭にとって、学ぶことは、とりもなおさず実践することである。……戦場の生死を賭ける兵学者的発想からきたもの……平均的な学塾であまり見かけぬ農学や経済方面の書物も意欲的にテキストとして使っている。……算術や経済を重視したのは、いかにも実学的な経世済民をめざす村塾の授業らしい。」

(ケ)　無為にして化す―「上からの押し付け教育を排する松蔭は、……きわめて息の長い教育をよしとしたが、この一見何もしない教育における教師の役割はどのようなものか。……松蔭にとって、教えるということは、教師その人が範を示し、自らが信ずる生きざまを弟子の前にさらけ出して見せる。その意味では何も教えない、教えるというより、無為にして化すやり方であった。」

わたしたちが起業教育論のあるべき姿を強く意識して、この学校らしくない学校であった松下村塾方式から何を学べるか。起業教育プログラムは幕末の草莽の志士を生み出すようなものではないし、また吉田松陰という存在なしに松下村塾は語れない。それでも実践教育としての起業教育のあり方を考える上で、松下村塾には参考になることが多い。

ビジネスのやり方という問いには、いくつもの答えがあって当然である。また、ケーススタディーで取り上げられる成功例を、いまの時点で同じように行っても成功につながる保証などはない。それは条件が異なるからである。このためには、過去の成功や失敗事例から創造的に学ぶ必要がある。

この意味では、松蔭が実践した塾生の関心、興味、学力に応じてより柔軟に学ぶ姿勢は、起業教育にとっても重要であり、そのためには変化する経済環境や社会環境に敏感な取組みが必要であろう。そして、なによりもビジネス教育や起業教育にとって不可欠な認識とは、机上の空論ではなく学ぶことがビジネスの実践につながっているかどうかである。こうした教育の明確な目標は、将来展開することになる事業が社会的有用性をもつことへのこだわりともいってよい。

ふり返ってみれば、松下村塾という場において、吉田松陰は、偉大なコーチとして存在していたのかもしれない。「教授が能はざるも、君等と共に講究せん」というのはまさにコーチングの重要性を示唆している。

コーチング論

大学教育がそれ以前の中等教育と大きく異なるのは、「読み・書き・話す」という学習基礎力を前提にしていることである。つまり、大学教育とは応用問題を解くための教育である。これには多少の異論もあろう。大学生の基礎学力の低下が問題視され、これを嘆く教員も多い。もし、そうであれば、補習教育プログラムを必要に応じて整備すればよい。重要なのは、大学教育とはあくまでも中等教育過程で得た知識を使い、使える知識を獲得させることに本質がある。

そうした応用教育をもっとも大事とするのは、大学でのビジネス教育であり起業教育である。そこでは、現実的な課題を設定し、チームをつくり、チーム内で協働・協同することで組織の原理、経営戦略の重要性、意思決定、調査と分析、実行の手順などの感覚を身につけることができる。これは競技スポーツにも共通する。

この教育方法における教員とは、講義形式で情報や知識を一方的に伝える従来型の存在ではなく、むしろコーチとして学生の自主的な取り組みを支える役割を担うべきである。この点で、スポーツコーチ学のテキストや実際に指導しているコーチなどの経験談が役に立つ場合も多い。

たとえば、米国の大学バスケットボール・チームの名コーチとした活躍したジョン・ウッデンのコーチ学には学ぶことがきわめて多い。

ウッデン自身は、体格的にそんなに恵まれたほうではなかった。それでもパーデュー大学の選手時代に全米メンバーに三度選ばれプロチームにも誘われた。だが、無名大学の教師とコーチという道を選択した。その後、当時、決して強くはなかったカリフォルニア大学ロスアンゼルス校（ＵＣＬＡ）のコーチに就任し常勝チームを作り上げていった。そのウッデンに、スポーツコラムニストのスティーブ・ジェイミソンがインタビューしてまとめたのが『ウッデン―コートの内と外で生涯かけて考えたこと、そして観察したこと―』(邦訳『まじめに生きるのを恥じることはない』)である。ジェイミソンはウッデンをつぎのように紹介する。

「彼は、おそらくすべてのスポーツにおける最も偉大な優勝記録を打ち立てた人物である。UCLAのバスケットボール・チームを指導し、同チームをNCAA(全米大学競技大会)の優勝に導いた。全部で十回、しかもそのうちの七回が連続優勝だった。このコーチの業績は他にもある。……生涯勝率は八割を越える。……(引用者注―インタビューの)発言の筆記録を読み返してみると、目標達成や成功、人生のさまざまな美徳にかんする彼の個人的な哲学は、バスケットボールの実技や指導よりも、むしろ生き方に幅広く応用できることがはっきりとわかった。」

民俗学者の宮本常一が農民であった父・善十郎から多くを学んだように、ウッデンもまた農民であった父親のジュシュアから学んだことを選手たちに伝え、彼らを一流選手に育て上げた。同様に、起業教育でも、教員=コーチ役がどのようなメッセージに学生たちに伝えるのかが重要である。

起業家精神といった場合、解釈は幾通りもあるだろう。ウッデンが指導者として選手たちに語りかけたことばは、起業家の「精神」を育てる上でも珠玉のものとなっている。わたしが会ってきた企業経営者のなかには、起業者として創業の苦しい時期を耐え、その事業を育ててきた人がたくさんいる。彼らをみていて、このウッデンの指摘に首肯することも多い。ウッデン語録にはすばらしいことばがたくさんある。善十郎の十か条ではないが、そのうち、一〇項目を選んで紹介しておこう。

㈠　成功とは全力を尽くすこと―「最高の自分になるために全力を尽くせば、成功が手に入る。そして、それをするかどうかを決めるのは自分自身なのだ。この考え方は私の人生の核となり、私にたいへん大きな影響を及ぼしてきた。あらゆる方法で全力を尽くせば、成功者なのだ。」

㈡　準備そのものが大切であること―「私は来る日も来る日も準備（つまり『旅』）をすることで最大の満足を得てきた。『旅』は大切である。得点やトロフィーは『宿屋』にすぎない。……私は何よりも大切にしていたのは、旅そのものであった。」

㈢　努力する人に失敗はないこと―「私は数多くの間違いを犯してきたが、失敗を犯したことは一度もない。全米学生選手権大会に毎年優勝することはなかったし、試合には何度も負けている。しかし、失敗は犯したことはない。……十分な準備をしておけば、たとえ得点では下回っても負けたわけでは決してない。私はそれが真実であることを知っていたから、選手たちにもそのことを心に刻んで欲しかった。最善の努力をすれば、常に勝つのだ。」

㈣　成功の後遺症―「過去から学べ。しかし、過去に生きるな。過去の成功にとらわれると、過去に生き、過去に起こったことが自動的にまた起こると信じるようになる。……過去の成功に酔って、現時点での未来への準備を軽んじるようになると、痛手を負う恐れがある。それがすなわち成功の『後遺症』だ。」

(五) 自分で自分にプレッシャーをかけない—「なんの値打ちもない」プレッシャーをひとつあげるとすれば、自分で自分にかけるプレッシャーだ。マスコミや親、ファン、雇用者らの期待にこたえようとすると、心配や不安が募って悪影響が出やすい。……そういう人たちは、ベストを尽くして自分の課題を遂行することではなく、他人の期待にこたえることを優先しているのである。」

(六) 後知恵で自分を責めない—「過去をふり返ると、ああしたらよかった、こうしたらよかったとおもうことがいくらでもある。そこから何かを学べるのであれば、それでよい。しかし、後知恵で自己批判しては絶対にいけない。……理にかなった決定だったが、ただうまくいかなかっただけなのだ。……心配したり不平を言ったりして状況が変わるだろうか? そんなことは絶対にない。」

(七) 間違いがなければ成功もない—「『最も多く間違いを犯したチームが、たいてい勝利をおさめるものだ』。……この台詞はちょっと奇妙に聞こえるかもしれないが、多くの真理が含まれている。行動する者は間違いを犯す。……間違いと無縁の人というのは、たぶんじっとしたまま何もしない人だろう。それこそ実は、たいへんな間違いなのである。」

(八) 最高の選手だけでは最高のチームはできない—「人は誰でも、自分の能力を発揮できる場所がある。ひとりひとりが自分の持っている能力を最大限に生かす努力をしなければならない。

……他の人たちのことを考えて集団の利益のために自分を抑えることのできる選手を大事にしてきた。その資質こそ、一流選手の証だ。……才能のある人間がチームプレーできない場合、バスケットボールであれビジネスであれ、その人物は最終的にチームに害を及ぼすことになる。」

(九) 現実的な楽天家になる―「私の強みの一つは、マイナス思考を排除できることである。私は楽天家だ。それは私が現実的な目標を設定しているからだと思う。……ほんの少しの努力で達成できるような目標は、自分でも満足が得られないし、あまり価値のないことである場合が多い。かといって、達成できる見込みのない理想的な目標を掲げると、失望して挫折してしまう。……大切なのは、現実的な楽天家となることだ。」

(十) 変化を拒むな―「変わろうとしないことは、頑固さに原因がある場合が多い。頑固なのは、学ぼうとする姿勢が欠けているからだ。学ぼうとする姿勢が欠けているのは、自分が完全でないことを認識できていないからだ。」

ウッデンのことばから考えるに、成功する起業家というのは一流のプレーヤーと同様に、自らの立てたビジネスプラン（あるいは試合展開）の実現に全力を尽くせる人である。わたしの調査でも、成功者とは環境変化に柔軟であり、例外なしによく学ぶ人である。そして、このような人物を育て上げるのが起業（家）教育である。

ウッデンは試合に臨んでの準備を非常に重視した人でも知られる。これはビジネスプランなどの準備にも共通する。だが、準備に時間をかけても、ビジネスプランがそのまま実現できるとは限らない。それは、プラン段階で想定した条件が必ずしもそのとおりではないからだ。この場合には、「後知恵で自分をせめない」という現実的な楽観主義が必要というウッデンの助言が重要であろう。間違いと失敗（＝同じ間違いを繰り返すこと）は違うのだ。

こうしたウッデンの考え方には、スポーツ選手だけではなく、人間一般への深い洞察力がある。このような助言は、ビジネス教育の場、たとえば、ゼミナールなどでのグループ学習を進める上でも有益である。

学習ということでは、大学では一方的な講義が多く、グループ学習というのはゼミナールでしか経験できない。グループ学習は、個人の能力や個性を知る上で有益なプログラムである。プロジェクトやビジネスプランなど特定のテーマを学生たちに与えて、個人としてではなくチームとして取り組ませることはきわめて有益な学習プログラムとなる。

たとえば、六～八人のビジネスチームを結成させると、大概の場合、チームメンバーの意見を聞かずひたすら引っ張っていくような「馬車馬」組、口だけは達者なのだが全く動かない「評論家」組、それに実質上何もしない「サボり」組に分かれる。こうしたチーム学習では、通常の個人参加型の講義では得られないような、互いに学び合い、協力せざるを得ない時間が流れる。馬車馬組は評論家組には不満だし、サボり組にはウンザリである。評論家組は、何事も相談せずに進める馬車馬組に批判的である。だが、一定時間内に課題への解決案をチームとして取りまとめなければ、単位は認定されない。必然、学生たちは右往左往した挙句、コーチ役である教員に助言を求めることになる。そうした時に、コーチたる教員はどう対応すべきか。

優れたプレーヤーを育ててきた経験を振り返って、「コーチ・教える・導く」ための四三項目を名コーチのウッデンは挙げている。スポーツコーチでないわたしでも、こうした学生とのやり取りで、ウッデンほどではないが体得できた経験則をいくつかもっている。そのうち、五項目掲げてみる。

① 時間を守らせる―いわば基本である。「サボり組」メンバーの過半は時間が守れない。人間関係の基本は信頼関係であり、時間にルーズな人は信頼されない。

② 「ありがとう」を覚えさせる―学生間のやりとりで欠けているのは感謝のことばである。「先週の課題、インターネットで調べてメモにしておいた」。「そう、忙しそうだったのに、ありがとう」とことばをかわす関係はチームメンバーをやる気にさせる。

③ 好きなことを見つけさせる―チームメンバーにはそれぞれ得意なこともあれば、不得意なこともある。経営の基本と同じで「適材適所」が重要である。人は得意なこと、好きなことから始めれば、やがてそれ以外のことにも取り組むようになる。

④ 間違いをさせる―「これはダメ、それもダメ」ではなく、やってみてうまく行かないことで、

人は考え始める。間違いとはやってみてうまくいかないことで、失敗とは異なる。間違いから人は学び始め成長するのである。

⑤　教えすぎない―はじめから教えすぎないことが肝要だ。教えれば、経験をしようとしないし、間違いにも気づかない。

## 第二節　起業教育原則論

### 工学部と教育

わたしの学生時代には大学紛争があった。その時、教授を筆頭に助教授、講師、助手という階層構造をもつ講座制の弊害が指摘された。しかし、こうした階層性はどのような組織にも多かれ少なかれある。トップがひどければ、どんな組織も早晩ダメになる。

工学部では、いまでも研究室（ラボラトリー）にある種の階層性があって、一種の会社組織みたいなところがある。教授が社長だとすると、助教授は専務、専任講師が常務。ここまでが役員クラスである。中間管理職にあたるのが実験助手。この下に先輩平社員である修士課程や博士課程の学生がいる。さらにその下に新入社員の学部生がいる。新入社員といったのはそれなりの理由がある。

工学部生は四年生になると文系学部の卒業論文（卒論）指導と同じようなかたちで卒業研究（卒

研）がある。四年生はそれまでの三年間、工学の基礎を学び基礎実験を経験してきたとはいえ、テーマを決め、いままでの研究とその実験結果を検討し、自らの実験計画を立て、実際に行うにはまだ未熟である。したがって、ほとんどの学生はテーマを決定するといっても、指導教授の研究テーマから選択して、すでに実験を行っているチームと一緒にやることになる。

実験チームのトップは大学院生で、彼らは会社でいえば係長前といったところである。この係長から新入社員である四年生は、オン・ザ・ジョブトレーニングで実験器具の組立てから、測定・分析機器の使い方、データの取り方までを習う。こういう現場には、何か大きな実験や事故がない限り、社長（教授）や専務（助教授）がわざわざ出向いて指導することはない。

ただし、指導ということでは、チームごとに実験データを持ち寄って報告を行う、ラボラトリー内の研究会がある。会社でいえば経営会議といったところである。ここでは、新入社員が積極的に発言できるわけではなく、係長になったばかりの院生あたりが報告する。もちろん、社長（教授）が若い人の率直な意見を聞きたいような時には、学部生が発言できることもある。会社も工学部のラボラトリーも、風通しの良さや悪さというのはトップに立つ人たちの人柄と度量によるのである。

こうしてみると、工学部教育と会社は類似性がある。この点は、ゼミナール＝輪読会という色彩が強い経済学部や経営学部と比較して、工学部教育のほうがはるかに起業教育に適している。以下、その理由を、工学部と経済学部の両方で学んだわたしの経験も加味して、列挙してみよう。

㈠　実験計画とビジネスプランの類似性—実験がうまく行き、新しい発見や信頼性あるデータが得られるかどうかは実験計画の内容による。よい実験計画とはいままでにすでに行われた実験の結果とやり方を徹底的に分析して、もれ落ちているところをすべて拾い出し、より創造的で確実性の高い分野に的を絞ったものである。これはまさにビジネスプランを立てるときと同じ手順である。

㈡　戦略としての実験計画—一定期間に実験計画を実行に移し、成果を得るには効率的な手順、失敗したときのリスクマネジメント、競合者を意識してよりスピーディーに実験を実行することなどの戦略が必要である。この点もまた、経営戦略と実験計画—むしろ、実験戦略といったほうがよい—は類似性をもつ。

㈢　予算管理と実験の進行—文系学部と異なり、工学部系は実験材料、実験設備などに多額の出費が必要である。このために、実験計画についても予算管理が必要となる。同じ効果が得られるならより安価な材料や測定装置がいいし、高価な材料や分析装置であればそれに見合った実験結果をどのように得るのかを考える必要がある。起業時の予算管理や財務管理、管理会計とやはり類似性がある。

㈣　研究開発ユニットとしてのチーム—単独実験もあるが、ほとんどは数人単位のチーム実験で、チームリーダーは院生である場合が多い。企業の研究開発チームでもこのようなものである。

チーム内で実験を分担しながら、効率的なやり方を学んでいく。これは座学だけでは得られない訓練となる。

(五) スモールビジネスとしてのラボラトリー──ラボラトリーを束ねた組織や研究所は百人単位となる。大企業の研究所などでは千人単位となることもある。だが、大学の各ラボラトリーの陣容は多くても十人単位である。その中にあって、教授は研究室全体の戦略立案から、実験予算の資金繰り、ラボラトリー内の人材配置、成果としてのデータの特許化などをやらなければならない。教授はさしずめスモールビジネス（小規模企業）の社長のような存在である。学生たちはここでスモールビジネスの経営実態を疑似体験できる。

(六) 産学連携体験としての場──ラボラトリーには、民間企業などで研究開発や製造を担当している卒業生などが、教授に技術的助言を求め、分析を依頼するためにやってくる。これによって、ラボラトリーの学生たちは現実の市場ニーズに敏感になってくる。これは卒業生を通じた産学連携ネットワークといってよい。いまでこそ、産学連携が強調されるが、それは以前からこうした人的ネットワークを通じて実践されていた。

(七) 指導者のコーチとしての役割──先にコーチ論を紹介したが、教授や助教授などは、学生が実験などを通じて工学や技術への理解を深めるのを助けるコーチであり、メンター（指導者）としての役割も大きい。

いま、日本でも起業教育の一環としてプロジェクト・マネジメント演習（PM）が注目されている。プロジェクト・マネジメントとは、通常、特定目的（＝事業）の達成のために、一定期間内に行う活動を効率よく進行させ、成功に導くためのマネジメントをいう。この指導者をプロジェクトマネージャーと呼ぶが、ラボラトリーではそれは各実験チームのリーダーということになる。

プロジェクトは、指示書によってあらかじめ決められたことを繰り返すことではなく、日々起こるいろいろな障害を克服しながらその目的を達成することである。このためには、プロジェクトマネージャーにはつぎのような能力が求められる。

①　プロジェクトの目的を明確なことばで語ることができること―直感的に誤解なく理解できる「たとえ」や表現を使えることが重要である。

②　プロジェクトメンバーへ動機付けができること―メンバーが細かい指示がなくても、状況に応じて素早く自律的に適応ができるように助ける。

③　プロジェクトの進行状況や問題点の情報などを共有化できること―「何が問題で、何を解決すべきか」など重要な情報を選び出し、メンバーに提供し共有化する。

④　メンバー間のコミュニケーションを促進できること―プロジェクトが暗礁に乗り上げると、メンバー間で疑心暗鬼になることが多い。これを防ぐには、メンバー同士が何でも打ち解けてしゃべる関係となっていることが重要である。それゆえ、いわゆる「ほう（報告）れん（連絡）

そう（相談）」が出来る関係までに、メンバー相互間のコミュニケーションを推し進める指導力が必要である。

⑤　意思決定ができること―プロジェクトには期間がある。このために、いろいろな側面でベストでなくとも、ベターな選択を決断することが必要であり、素早い意思決定の能力が求められる。

よく考えてみると、プロジェクト・マネジメント演習を構成する主要な要素は、先にみた工学部の卒業研究プログラムにすべて含まれている。この意味では、工学部において起業教育を導入する土壌はすでにできている。それゆえ、工学部学生は、財務とか会計といった分野にはあまり馴染みがない。戸惑うであろうが、経営戦略論、組織論、リーダーシップ論などについては、経営学部の学生よりもむしろ短期間に理解することができるであろう。

## 個性と複眼性

いま、起業教育あるいはビジネス教育において、プロジェクト・マネジメント演習の有効性が認識されるようになってきた。わたしの実践で学生たちから評価が高かったのは、コンサルティングチームや設計チームを作らせて、より現実的なプロジェクトに当らせた演習であった。

プロジェクト・マネジメント演習は、学生たちの個性を引き出すと同時に、他の学生たちと協同しなくてはならないことから複眼的なモノの見方を身につけるのにきわめて有益である。ただし、工学部の学生と違って、経営学部の学生の場合は工夫が要求される。工学部の学生の場合には、専攻分野がそのままプロジェクトテーマとなる。たとえば、建築を学ぶ学生には建築設計、化学系の学生の場合には化学合成物といった具合である。それが、工学部と比べて、経営学部などの学生の場合は、ともすれば抽象的なプロジェクトテーマになりやすい。できれば、より具体的なテーマを選定することが望ましい。わたしの場合は、文系学生でも入りやすい設計やデザインのプロジェクトテーマを与える。こうした分野では、発想やアイデアを問われるので、文系学生にとっての技術的参入障壁は比較的低い。

わたしが学生のころは、まだパソコンなどが普及せず、技術計算などは計算尺や、そのころ普及し始めた関数電卓―まだ、高価であり一部の学生しかもっていなかったが―を使って、計算公式と格闘しながら計算値を出していた。いまは、設計の力学計算や簡単な構造設計などのソフトウェアがあるので、パソコン上で数字を入力すれば、文系学生でも十分対応できる。また、実際にモックアップモデル（擬似模型）をつくり、それをデジタルカメラに撮り、画像を容易にパソコン画面に取り込める。かつての工学部生が計算など工学的手続き論を習得するのにかなりの時間を割いていた。いまの学生は、計算などの原理を知っていれば、実際の計算はパソコンがやってくれるのである。こうした点では、工学部といっても設計やデザインといった分野では、感性がより重要な価値を持つ。

さて、プロジェクト・マネジメント演習で学生たちの積極的な関与と取り組みを引き出す上で重要な要素は、つぎの六つである。

(一) 具体的テーマの設定―大きくてあいまいなテーマではなく、学生たちの身近にあるテーマが望ましい。これについてはあとで具体論を紹介する。

(二) 遊戯性があること―こうしたテーマにはある程度の遊戯性がなければならない。堅いテーマでは学生たちはすぐに諦め閉塞感に陥る。たまには、教室から飛び出して観察したり、調査に出かけたりするような気にさせることが大事である。

(三) 競争性があること―学生にチームを結成させ互いに競争させることで、チーム内での取り組みが活性化される。最終的なプロジェクト成果については、コンペ（競争入札）形式で順位を決定する。

(四) きちんとした評価基準―チームごとの成果を評価するには、できれば外部から専門家に来てもらい評価してもらう。ゼミナールのいつもの指導教授が行うと学生たちに緊張感がない。また、指導教授はプロジェクトテーマのすべてを評価できない。専門家による評価の際には、きちんとした評価基準を示してもらうことが重要である。

(五) セカンドチャンス性―最終コンペで順位が決定したら、下位チームに改善内容を提案してもらい、もう一度成果を発表させることが大事である。学生たちは失敗から多くのことを学ぶ。

(六) 最終評価会の開催―なぜ、そのチームが上位として評価され、あのチームが下位に位置づけられたのか。学生たちに自由に討議させ、プロジェクトをどのようにマネジメントすればよいかを理解させ、最後にチームとしてではなく個人としてレポートを提出させる。

わたしの狭い経験ではあるが、いままで学生たちに好評であったプロジェクト・マネジメントのテーマの具体例を、二つばかり紹介しておく。

①　大学周辺でテナントが割合と入れ替わる店舗について、どのようなビジネスが最適かを提案してもらった。レストラン、喫茶店、書店などの提案があったが、学生たちの希望で喫茶店に焦点を絞った。学生には、六～七名のメンバーからなるデザインチームをつくらせた。学生たちは実際に店舗を訪れたり、周辺の人の流れを見たり、学生へアンケート調査をしたり、有名喫茶店などを観察したりした上で、紙粘土、厚紙からなる縮小店舗モデルを完成させた。ここまでが第一段階である。第二段階では、テナント料、建築費、開店後のメニュー、収入と経費、銀行借入への返済などの詳しい財務データを発表させた。

②　学生たちがもっとも身近に感じるものに、携帯電話がある。いろいろなデザインのモデルがひっきりなしに市場に出回る。学生たちに、こうした短サイクルの市場にあって、飽きの来ない携帯電話のモデルをデザインしてモックアップモデルを作成してもらった。素材は紙粘土であり、着色には水彩絵の具を使った。器用な学生もいて本物同様のモックアップモデルを完成させてくれた。いま、日本の携帯電話は原則的には日本市場でしか通用しない。世界的にはフィ

ンランドのノキア、韓国のサムソン、台湾のエイサーなどのシェアが高い。こうしたなかで、学生たちには携帯電話製造の日本メーカーを選び、自分たちの携帯電話を世界携帯として売り出すための経営戦略を提案してもらった。戦略づくりに当っては、その会社の事業分析、財務分析、市場調査、ライバルメーカーなどの分析が必須である。韓国からの留学生たちもいて、サムソンなどの分析は非常に興味深いものであった。

学生たちのチームはこうしたテーマに取り組み、プロジェクト・マネジメントに必要な能力を失敗しながら身につける。学生たちは、共通連絡事項があるのでゼミナールの最初の時間だけは決められた教室に集合する。大概一〇分ほど過ぎれば、チームごとに場所を移動してテーマに取り組む。ただし、その際、いくつかのルールを決めている。

一つめは三週間に一回は、全員の前でプロジェクトの経過報告をすること。内容の詳細はチームの判断に委ねる。これは各チームに大きな刺激となる。二つめは、教員には経過報告を必ず簡潔な文書で提出すること。これはビジネス文書を作成する上での訓練代わりとなる。

あとは、自由である。喫茶店に行って討論しているチーム。研究室で資料を作成しているチーム。図書館で資料を探しているチーム。外に観察に行っているチームなど。やり方はさまざまである。要は、期限までにプロジェクトの成果をだすことである。

学生たちはチームメンバー間の対立、妥協、修復、説得、協力などを通じて、自らの個性と他の学生のモノの見方などの複眼性を自然と身につけていく。

失敗と学び方

プロジェクト・マネジメント演習は、工学部では当たりまえの「実践による学習（Learn by doing）」型の教育プログラムである。このプログラムでは経験の浅い学生たちは多くの失敗を重ねる。しかし、失敗から学ぶことが重要である。これがもっとも効果的な学習方法でもある。ビジネスに限らずどんな分野でも、小さな失敗を重ねることが最終的な成功につながる。

わたしたちのプロジェクト・マネジメント演習には二つの金言（モットー）がある。一つめは、「早く失敗をして早く成功しよう」（Make mistakes earlier to succeed sooner!）。米国カリフォルニア州を中心とするデザイン会社アイデオ─第四章で紹介─のモットーをすこしいじったものだ。

二つめは、「学びて稼げ。稼ぎて学べ」（Earn by learning and learn by earning!）。わたしの記憶が正しければ、福沢諭吉がどこかに書いていたものだ。そうでなくても、なかなかよいモットーである。英語にすると韻を踏む。

要するに、両方とも「まずはやってみて、失敗すれば、そこからさらに学び実践する」ことである。「稼ぐ」（earning）とはきわめて直接的な表現だが、つまりは「実践」（doing）ということである。これを裏返して考えれば、プロジェクト・マネジメント演習には学生に失敗をさせるような「障害」をいくつか設けておく必要がある。代表的な障害はつぎのようなものである。

㈠ プロジェクト内容の変更―現実のビジネスでは、顧客の都合でプロジェクトが変更されたりする。たとえば、予算枠や対象としていた市場の変更、検討項目の増加などがある。

㈡ プロジェクトの完成時期の変更―通常、その時期を前倒しにする。

㈢ プロジェクトメンバーの交代―企業では、異動や転勤などがあって、チームメンバーが最後まで同じである保証はない。

経験則では、学生チームのメンバーがプロジェクト運営に慣れてきたころに、二〇パーセント増ぐらいの作業量の負荷（＝障害）を与えると非常に成長する学生が出てくる。そのころに、たとえば、「顧客の都合で予算を約二〇パーセント削減する」という依頼があったとか、あるいは、「米国市場を中心に市場調査をするはずだったが、ドイツ市場の開拓も同時に行い、双方に同じ商品を提供することになった」という変更指示を学生に出す。

学生にとってみれば、ある程度、資料整理や調査を終え文章化しようとしている矢先である。当然パニックとなる。だが、「こうした困難に文句をいうよりも、その解決に積極的な」リーダーやメンバーがいるチームはなんとか対応できる。また、対応に苦戦しているチームも、三週に一回ほど回ってくるチームごとの中間報告で、他のチームの進行状況を聞くことで刺激を受け対応しようとする。人やその集団組織には潜在的に競争心があるものだ。

プロジェクトの内容変更には、実はそれなりに工夫がいる。より簡単な負荷はプロジェクトの完成時期を前倒しにすることである。たとえば、当初、学生たちに通知していた発表時期を一週間あるいは二週間早めることを告げるのである。学生たちは必ず反対する。あえてそうするのがよい。こうしたなかで、学生たちはどういう作業を優先順位にもってくるかなどの対応を迫られ、そこから多くのことを学ぶ。チームメンバーの交代などは、わたしはやったことはないが、場合によっては、メンバーの入れ替えなども必要かもしれない。

ところで、プロジェクト・マネジメントの手法は、元来、米国を中心に発展してきた。米国にはプロジェクト・マネジメント協会も組織され、さまざまな手法や手順などが紹介されている。たとえば、プロジェクトの何をマネジメントするのかという点については、つぎの八項目が挙げられている。

(ア)　プロジェクトの範囲―目的と領域。プロジェクトをどこまで完成できるかを自問すること。

(イ)　時間（進行）管理―プロジェクト完成までに必要な作業などのスケジュール管理。納期管理といってもよい。

(ウ)　費用管理―プロジェクトは予算内に納めなければならない。

(エ)　品質管理―開発された商品やサービスなどは一定品質以上でなければならない。

(オ)　人的資源管理―顧客との関係。チームメンバーの能力をいかに引き出すか。

(カ)　コミュニケーション管理―チームの内外で意思疎通をいかによくするか。

(キ)　リスク管理―何か問題が起こったときの対応の早さ。
(ク)　調達管理―すべてチーム内で対応できるとは限らない。外注も必要。

わたしたちのプロジェクト・マネジメント演習では、負荷が与えられることで、プロジェクトチームは、右に挙げたことをすべて経験する。ただし、費用管理という面では、チームには必要な書籍やソフトウェアなどの購入費は均一に与えられている。金額そのものが少額であるので、実際には問題とはならない。調達管理ということでは、「窮すれば通ず」で、外国市場などを調べるときには、外国語学部の学生や留学生を見つけて（調達して）きて、翻訳などを手伝ってもらうなど積極的な学生もいる。

いずれにせよ、負荷が与えられ春学期には失敗を繰り返した学生たちも、秋学期になって新しいプロジェクト・マネジメント演習のテーマを与えられると、リスク管理なども意識するようになっている。また、春学期と秋学期ではチームメンバーの総入れ替えをするので、それなりにコミュニケーション能力の重要性も認識する。

さらに、プロジェクト・マネジメントの(ア)から(ク)の段階で問題の解決をすることは、講義などで学び「ことば」として知っている「マネジメントサークル」を体験することでもある。マネジメントサークルとは、品質管理で著名なエドワード・デミングが唱えたもので、生産管理の改善を進めるための手順として、日本でも定着した「計画（Plan）→実行（Do）→評価（See or Check）→改善（Act）」

である。デミングサイクルと呼ばれたりもする。

わたしなどは、化学会社に入ってはじめて品質管理（いわゆるＱＣ活動あるいはＱＣサークル）について教えられ、社内のデミング賞獲得プロジェクトの関係者からデミング博士の名前とデミングサイクルを知った記憶がある。学生時代にＱＣサークルやデミングなどのことを習った記憶はない。このわたしの体験からしても、ゼミナールや実験などでこうしたアイデアを実践できる機会を学生たちに与えることは重要である。

学びサイクル

先にマネジメントサークルについて紹介した。プロジェクト・マネジメント演習にも「知る（Know）→応用（Apply）→実行（Do）→身につける（Be）→取捨選択（Select）」というサイクルが作用する。すこし内容を説明しておこう。

㈠　知りたいという意欲（Learn to know）―プロジェクト・マネジメントでは既存知識の応用が求められる。このことは、逆に学生たちに基本的な知識が不足していることを強く意識させ、基本的な事柄や専門知識をより深く知りたいという意欲をかきたてる。

㈡　応用したいという意欲（Learn to apply）―人はある分野のことを深く知り、知識を深めるとそれらを応用したいと思う。

㈢　共に実行したいという意欲（Learn to do together）―プロジェクト・マネジメントでは、知識を実際にチームメンバーと共有し共に実行せざるをえず、そのため、個人・個別の知識が連携性をもつことで、さらに個人の能力が高まる。

㈣　身につけたいという意欲（Learn to be）―「知る」「応用」「協働」という過程を身につけたいという意欲が、学習過程でその人の人格を形成していく。

㈤　取捨選択したいという意欲（Learn to select）―こうして身につけた知識やものの見方こそが、さまざまな情報のなかから、必要で有益な情報を取捨選択し意思決定するための基礎となる。

この学びのサイクルにおいてさらに重要であるのは、学生の成長度をどのようにして評価するのかの方法論である。学生を正しく評価することは学生を正しく成長させることである。講義では、評価は教員側だけである。それも、知識移転や情報提供の色彩が強い座学型の講義では、ペーパーテストが普通である。これには口頭試問というやりかたもあるが、評価する教員側にとり膨大な時間とエネルギーを要求されるため、通常は大学院などを除いては行われない。もちろん、ペーパーテストは、学生がどの程度正確に講義を理解したのかを評価する上で、いまも有益の方法の一つではある。

他方、プロジェクト・マネジメントのような演習科目では、その解答を二者択一の「〇×」式で判断することや、あるいは模範解答と照らし合わせ評価することは困難である。企業経営と同じで、解答の選択肢が広範囲に存在する。このため、評価方法を複数存在させることが重要な鍵となる。具体的にはつぎの四種類の評価方法を総合させたやりかたが妥当であり、有効である。

① 教員による評価―プロジェクト・マネジメント演習でコーチの役割を担う教員は、チームやそのメンバーともっとも身近に接しており学生の成長水準を判断できよう。

② チームメンバーによる評価―教員がずっとチームやメンバーの行動や学習態度、学習内容をみているわけではない。週に一度のゼミナールだけでは、時間的にプロジェクトを進めることは困難である。そのため、学生たちは自主的に集まって討議をしたり、分担しあって資料を読み込んだり、調査を行ったりする。こうした教室外のチームやメンバーの活動を評価できるのはチームメンバーだけである。

③ 学生自身による評価―教員やチームメンバーによる評価が「他者評価」であるなら、学生自身による自分自身の評価、つまり「自己評価」もある。

④ 外部の専門家による評価―プロジェクトの内容によっては、指導教授は一般的な評価しかできない。この場合には、それぞれの専門家に来校してもらい専門的な評価をお願いする。わたしの場合には、人事計画や財務計画などについては外部の専門家を呼んで評価してもらっている。

小学校以来、教員側から一方的に評価されつづけてきた学生たちは、四つの異なる評価者と評価方法にはじめはかなり戸惑う。なぜならば、この四つの評価が必ずしも一致しないからだ。

人を評価するとは、本来、多面的なものだ。教員や外部の専門家は、プロジェクトの成果内容や学生の個別貢献度を、発表内容や個別提出されたレポートなどから判断するのが普通である。いわばこれは「見える努力」に対する結果評価である。これに対して、チームメンバーや学生自身は、教員が知らない過程、いわば「見えない努力」への評価を重視する。たとえば、コミュニケーション能力などが評価の対象である。

学生たちの表現を借りれば、①や④は「外面（そとづら）評価」、②や③は「内面（うちづら）評価」ということになる。人は見かけだけで判断できないし、ましてや内面性や潜在能力というものはなおさらである。

この四つの評価の配分比は、プロジェクトのテーマや内容によって変動させればよい。わたしの演習では、教員（四〇％）、外部専門家（三〇％）、チームメンバー（二〇％）、学生自身（一〇％）と配分することが多い。こうした四つの評価を総合した総合点を学生に示し、一定期間を設けて、成績評価について不服があれば、話し合った上で訂正も可能とする。いわば、成績評価の「クーリングオフ」制度である。

経験則では、教員や専門家による評価については納得がいくのか、学生たちからのクレームはほとんどない。他方、②と③による評価は毎年クレームがつく。これはチームメンバーが評価する対象と、本人自身が評価する対象とが一致していないためだ。たとえば、チームメンバーが評価対象とするのは資料などを読んでまとめる能力であるのに対し、本人の評価対象はチームのムードづくりに貢献したという「コミュニュケーション」能力であったりする。また、「サボった（＝適当にやっていた）」「サボらなかった（＝一生懸命やっていた）」という基準も大きな論争の一つとなる。この点は、教員は薄々感じていても、プロジェクトへの取り組み過程をつぶさに見ていないので、学生たちの自己評価とチーム評価の差異などは参考になる。

成績評価のクーリングオフにおいては、労使の賃上げ交渉のように一点や二点の上げ下げをめぐってやりあうことに意義があるのではない。より本質的に重要なのは、教員側と学生側とが「人を評価することがいかにむずかしいのか」を知ることである。

## 第三節　起業教育原点論

### 自己実現論

大学での起業教育は、学生たちに起業家についてより深く知る機会を与えることから創始される。ここに起業教育の原点がある。この方法には二つある。一つめは起業家に会いに行くことを勧めること。二つめは起業家の自伝や伝記を読むことを勧めることである。

以前は、教員の個人的ネットワークで学生たちに起業家を紹介していた。いまでは、国立大学法人系大学にはベンチャービジネスラボラトリー（ＶＢＬ）が設けられ、さまざまな分野の起業家を呼んで公開セミナーを活発に行っているところもある。

私学でもビジネススクール（ＭＢＡ）をもつ大学では、起業家を招いて公開セミナーを定期的に開催している。地方自治体や関連機関もいろいろな公開セミナーなどを開催しており、学生たちが近隣で開催されている起業セミナーに容易に参加できる機会が増えた。

これらはいずれも、いまを生きる起業家たちの肉声を聞ける機会である。他方で、時代を切り拓いた起業家たちの肉声については彼らの自伝や伝記などから知るしかない。この類の著作は、我田引水的なものから研究書といってよいものまで実に数が多い。こうしたなかから、学生たち自身で選択することは簡単ではない。したがって、教員側が歴史的背景やジャンル別にある程度整理し、「起業家論三〇選」とか「五〇選」として示しておくことが必要だ。学生たちは自分の興味と必要性に応じて、指定書から何冊か読んでいくうちに、やがて自ら取捨選択することができるようになる。

たとえば、起業家にはつぎのような範疇がある。

㈠「技術開発系」起業家―本田宗一郎（一九〇六～一九九一）、井深大（一九〇八～一九九七）や盛田昭夫（一九二一～一九九九）など。

㈡「市場開拓系」起業家―長瀬富郎（一八六三～一九一一）、松下幸之助（一八九四～一九八九）や中内功（一九二二～二〇〇五）など。

㈢「一・五代目系」起業家―豊田喜一郎（一八九四～一九五二）など。

起業家は多彩で多様である。本書で事例引用した、創業期の悪戦苦闘をへて「功なり名を遂げた」経営者たちなどは三つの範疇のいずれかだけには完全に分類できない。だが、こうした分類は、学生にとって文献を選択する上で一つの基準になる。㈠の本田宗一郎、井深大、盛田昭夫は、自動車と電子機器ということでいまの学生には馴染みがある。

㈡の長瀬富郎は石鹸の国産化をめざして花王石鹸を明治中葉に起こし、米国ブランド品に対抗して、さまざまな市場開拓に取り組んだ。松下幸之助は日本経営史における立身伝中の人物である。小学校を四年で退学、火鉢店、自転車店、セメント屋、電燈会社を転々とし、ソケットのアイデアを思いつき、これを核に市場開拓型の製品づくりで、土間創業―いまでいえば、ＳＯＨＯ（Small Office, Home Office）―の工場を世界的企業にまで育て上げた。ダイエーの創業者中内功は、日本に量販店を起こし、ディスカウント販売の市場を開拓した。

㈢の一・五代目系起業家にはすこし説明が必要である。豊田喜一郎は自動織機の発明者で名を為した佐吉（一八六七～一九三〇）の長男である。正式な学校教育を受けなかった父とは対照的に、喜一郎は東京帝国大学工学部で機械工学を専攻した。卒業後は、父が創業した豊田紡織（後の豊田自動織機製作所）に入り、当初は自動織機の研究開発を行っていた。喜一郎がこのまま父の事業を継承していれば、単なる二代目経営者で起業家の範疇には入らなかったろう。だが、喜一郎は米国自動車産業の興隆をみて、自動車国産化を自らの手で成し遂げる野望を抱いた。しかし、自動織機で蓄積した技術から自動車エンジンの開発へすんなりと転換はできなかった。資金や技術などで父佐吉から継承したものも大きかったとはいえ、それは実施上の創業に近かった。この意味で喜一郎は単なる二代目ではなく、一・五代目系起業家であった。

この範疇のほかに、いろいろな切り口による起業家分類も可能だ。学生にはこうした範疇の指定図書などから、たとえば一～二人の起業家についての著作を読了させ、「起業家論」としてレポートを提出させることが望ましい。

わたしの授業では、先に述べたプロジェクト・マネジメント演習は三年生対象のゼミナールで実施しているので、一年生や二年生には、ゼミナール形式の「起業家論」をすすめている。プロジェクト・マネジメント自体は、起業家が事業を起こしそれを軌道に乗せていく過程と類似性があるので、そうした演習の前に「起業家論」を選択しておくことは、学生たちにとっては刺激と参考になる。

「起業家論」では、わたしはポイント制を採用している。すなわち、学生たちに、先ほどの三つの範疇のそれぞれから起業家について書かれた著作を選んで、最低一冊は読むことを課す。この場合、一冊につき五ポイントである。学生たちが一冊著作を読み、レポートを提出することに五ポイントずつ加算していく。合計二五ポイントが単位認定の最低ラインとなる。したがって、学生たちは三つの範疇から五人の起業家を選び出す必要がある。

つまり、三つの範疇からそれぞれ一人の起業家を選んで一巡した後、あと二人の起業家をどこの範嗜から選択するかは、自分の興味と関心で選ぶことになる。こうしたなかで、学生たちは起業家の生き方や起業家精神についても考えるようになる。

いままで多くの学生レポートに目を通してきた。学生たちは具体的な経営戦略や経営手法よりも、むしろ生き方としての起業家精神について関心を示す。起業家にはいろいろなタイプがある。とりわけ、自分の信念や関心をビジネスを通じ実現した「自己実現」型の起業家がよく取り上げられる。いわゆる自己実現型としての起業家論には関心が高い。

このレポートの書き方については、つぎの一定のルールを設けている。

① 字数制限―課題図書の長短に関わらず六〇〇字前後が望ましい。冗長でなく簡潔さが要求されるビジネス文書作成の訓練にもなる。これは読む方も手を入れやすい文量である。

② 要約・要点・要所―レポートの構成についてはこの三点を学生に課す。きちんとした要約はその著作を選択しなかった学生にも役に立つ。要点とは、たとえば、その起業家の成功あるいは失敗の分析である。要所（結論）は「自分が何を学んだ」という点への言及である。学生たちの中にはこの結論を参考にして同じ著作を読む者もいる。

③ 全体講評―学生たちはレポートを提出しても、添削、講評された経験をあまりしていない。教員にとって多くのレポートを添削することは大変であるが、ゼミナール形式は少数なので可能である。学生一人一人のレポートの講評をして、添削したレポートを学生に返却しておくこと

が効果的である。教員に読まれ、添削され、講評されることで学生のレポートの質は確実に上がる。

## 言語能力論

成功した起業家は、一般的に言語能力も優れている。

もっとも何をもって成功とするのかは、判断が分かれる。いずれにしろ、先に事例として挙げた起業家たちは、起業家から事業家そして、企業家として成長していった人たちである。この成長こそが成功である。

明治の長瀬富郎は石鹸などの国産化に、昭和を生きた豊田喜一郎は自動車の国産化にすべてをかけた。第二次大戦の敗戦から、先進技術でもって世界をリードするような製品づくりが日本企業のすすむべき道とみた本田宗一郎や井深大も、その事業にすべてをかけた。松下幸之助もまたそうであった。いずれの企業も悪戦苦闘の創業期を乗り越え、その後も多くの困難を解決し、「わたしの会社」を「わたしたちの会社」、そして「あなたがたの会社」として発展させていった。

しかし、会社というのは、規模が大きくなるにしたがって、創業者の意志がなかなかすべての従業員に伝わらないものである。急成長企業であればあるほど、ときには深刻な経営問題を引き起こす。これに関しては、世界中どこの経営者も同じ経験をしている。

ほんのすこし前に、フィンランドの大学発ベンチャーで、わずか五年間ほどで急成長してきた半導体レザーの会社を訪れ、創業者にはなしを聞いた。彼は大学で電子工学の博士号を得て、大学のインキュベータ施設で小さな半導体レザーの設計会社を起こした。幸運にも、欧州企業がこの技術に注目し出資を決定、設計から製造に乗り出した。その後、この企業が出資を引き上げたことから、彼が自己資金とベンチャーキャピタル会社からの出資により買い取る(マネジメント・バイアウト—MBO)ことになった。

多忙な中、彼は二時間もインタビューに応じてくれた。起業に至った経緯や研究開発の実態を聞き、工場見学も終え、はなしが現在の経営問題に移った際、わたしは思い切ってつぎのように聞いた。

「いままでのはなしを伺っていて、技術的にはあなたがいまも現役のリーダー役で大きな問題がないようですが、別のことで悩んでいるのではないですか。失礼ですが、そんな感じがするのですが、どうですか。」

まだ、三〇歳代半ばの経営者はいった。

「そうですね。技術開発面では、わたしはまだ現役だし、優秀な人材の採用にも恵まれています。また、あなたがわかっているように、当社の立地がわたしの卒業した工業大学から近いこともあり、指導教授などの助言や彼のネットワークを活用させてもらっている。経営面では、中国やアジアにも代理店網を設け、会社の販売額も順調に拡大した。従業員も増えてきました。しかし、いままでのように自分の会社の全体像がよく見えないことがあるように感じたりする。」

これは急成長企業の抱える古典的な問題である。

わたしが、これまでにインタビューした経営者は、手元に残っている名刺の数からしてもおそらく軽く千人は超えるだろう。大企業や中堅企業の経営者もこのなかには含まれるが、そのほとんどが中小企業経営者だ。彼らのなかには、その後急成長して「あなたがたの会社」、つまり第二部株式市場や店頭市場で上場企業となったケースもあった。

一人あるいは二人ほどで創業した「わたしの会社」も、従業者数を増やしながら「わたしたちの会社」になる。つぎには工場を増設し、営業所を増やし、海外拠点を設けるようになる。さらに運転資本と設備投資が必要となり、資金調達額を大幅に増やすために上場し、「あなたがたの会社」となる。この過程で、経営者はよほどしっかりしないと、どこかで歯車が狂う。これまでにわたしが会った急成長企業の経営者たちも、フィンランドのこの経営者が語った問題を異口同音に指摘した。わたしは彼にこういってみた。

「そのように感じているのは、あなたの会社が間違いなく成長しているからです。日本の有名な経営者の一人で、大阪の下町の小さな家の土間を改造して小さな工場を起こし、それを一代で世界的企業に育て上げた経営者が、経営規模の組織変遷についてつぎのような心に沁みるようなことばを残しています。紹介しておきましょう。『従業員が一人なら、なにもいわなくてもわかる。一〇人なら命令すればよい。一〇〇人なら教えることが大事。千人なら願うような気持で接することが大事。一万人を超えたら、祈ることが大事だ』と」。

一瞬、すこし暗かったこの経営者の顔が明るくなったように感じた。彼は、「これは、本質をついている。簡潔でわかりやすく、心のこもったよいことばだ。わたしも共鳴を覚える。今日は、あなたに会えたよかった」とわたしのインタビューを締めくくってくれた。

冒頭にも述べた。成功する起業家の言語能力は高い。世界的家電メーカーを育て上げたこの経営者の組織に関することばもまさにそうである。この言語能力というのは、古今東西の古典に通じ、それらを引用する能力でもなければ、小難しい修辞法を使うことでもない。それは、物事の本質をやさしい日常のことばで表現し、聞く方に誤解なく直感的に理解させる文章を作れることである。同じようなことを、あるセミナーで米国人経営者から聞いたことがある。彼はいう。

「組織が大きくなると、トップのメッセージが末端まで伝わることがむずかしくなる。だから、小難しいことばを羅列してもダメだ。わたしは役員たちや中間管理職の人たちに部下に指示を出すときは、つぎの原則を守るようにいっている。その一、一つの指示は単語で五つ以内。その二、その際のことばは必ず日常語。その三、指示そのものは一度に三つ以内。ビジネスの現場というのは、問題などが起こったとき、戦場と一緒みたいなものだ。小難しいことばを使い、長い文章でたくさんの指示を出しても、だれも実行などしない。」

わたしは彼に具体例を出してもらった。

「たとえば、ある新商品の導入計画があるとしよう。市場開拓のために市場調査（マーケティング・リサーチ）を、営業部門と研究開発部門の若手に担当させる。まあ、営業部門の連中は市場調査の何たるかはわかっているだろう。だが、技術畑の若手にはピンと来ない。だが、『君の顧客を探して来い』（Find your customers）といえば、素人だって直感的にわかる。ちょうど、単語数で三つではないか。……」

この意味で、ビジネス教育や起業教育において、ことばの訓練は大事である。学生たちの言語能力をどのように引き出すかは重要な課題である。たとえば、プロジェクト・マネジメント演習では、自分たちのプロジェクトの目標、戦略、方針などについて日常語で簡単にスローガン化することが必要である。先ほどの起業家論レポートも、起業家のことばの収集を促し、クラスで発表しあうことで学生たちの言語能力を引き上げてくれる。事例として、わたしや学生たちが見つけてきた経営者などのことばをすこし紹介しておこう。

㈠　市場への新規参入原則（一・三・五・七）——これは倉敷紡績の大原孫三郎（一八八〇〜一九四三）のことばである。

㈡　刺身の法則（＝三・四・三）——組織運営のむずかしさを示すときに、よく引用される経験則である。

最初の「一・三・五・七」は、大原孫三郎の生涯を描いた城山三郎の『わしの眼は十年先が見える』から見つけてきた。新製品の市場投入などのタイミングについて、その本質をよく突いている。紹介しておこう。

「総一郎がまた晩年の父孫三郎からよく聞かされたのは、『十人の人間の中、五人が賛成するようなことは、たいてい手おくれだ。七、八人がいいといったら、もうやめた方がいい。二、三人ぐらいがいいという間に、仕事はやるべきものだ。』ビニロンの工業化がそれであった。もっとも、父親の言葉には次のような続きがあった。『一人もいいといわないときにやると、危ない。』」

(二)の刺身の法則は、ビジネス現場の経験則といってよい。これは、学生たちが、資生堂の元社長福原義春の『会社人間、社会に生きる』から「収集」してきた。引用しておく。

「外国人特派員協会で経営計画についてスピーチをしてきたとき、流暢な日本語の英国女性の特派員が質問した。『日本語で刺身の法則というのがあると聞きますが、あなたの経験はその法則にてらしてどうでしたか』。私は反問した。『刺身の法則というのは存じませんが』。彼女は説明した。『刺身とは三・四・三のことです。日本ではいいことでもよくないことでも、なにか変えるといつも三は賛成、四はどちらでもない、最後の三はなんにでも反対だということを聞いています』。確かにそうだ。役員会の空気も、投票で確かめたわけではないがまさにそうだった。ところが、しばらくしてことが成功しそうになってくると、中立の四は賛成に回り、反対の三はいつか中立になり、七・三・〇になってしまうのだ。『勝てば官軍』という言葉はよく人間心理を語っている。」

刺身の法則と同様の経験則を表すことばに、「二・六・二の法則」もある。わたしは、このことばに、まさにビジネスの現場で出会った。わたしが化学会社の新入社員で米国向けの製品輸出を手がけていたころ、課長に連れられ輸出担当の総合商社に打ち合わせに行った。その時が、わたしにとって、総合商社の現場を見ることができたはじめての経験であった。広いワンフロアーの一角で担当者を待つ間、課長がつぎのように教えてくれた。

「いいかい。よく見ておきなさい。ここの商社マンたちは日本でも有数の高級サラリーマンたちだ。でも、本当に利益をたたき出しているのは、全体の二割ほどの人たち。六割は自分の給与になんとかかみ合ったぐらい。残りの二割は損失を出して、全体の足を引っ張っている人たちだ。どこでも組織というのは、こんなものだ。これをどうするかが経営者の役割だ。この比率は二・六・二とかいったりするがね。」

さて、福原は社長在任時、その年の会社の方針を伝えるのに、名刺大のカードに方針を簡単なことばで記したゴールドカードを従業員に送っていた。このなかにもわかりやすい、いい感じの文章がある。たとえば、「既成の壁を突き破って、新しい試み、イノベーションを起こそう」という表現もいいかもしれない。だが、「『これまで』ではありません、『これから』になっていますか」という日常語によるメッセージのほうが、二万人近い（当時）従業員へはるかに浸透する。
こうしたことばは、単にビジネス書を読んだり、あるいは経営者や起業家のセミナーに出たりしても、すぐに身につくはずもない。学生時代のより幅広い読書がその基礎となる。

公共道徳論

成功した起業家にはそれなりの哲学がある。正確には、成功した起業家はそれなりの哲学を体得する。哲学といったが、あるいは「信念」や強い「思い込み」といってもよい。これはわたしの狭い経験からいってもそうである。起業間もない時期から付き合ってきて、後に大成していった経営者などを見ていてつくづくそのように思う。

先に、起業家には自己実現の意欲が非常に強いと指摘した。その意欲は創業に要するある種のエネルギーでもある。起業家のほとんどは既存企業からスピンオフをして、自分で新たに事業を起こす。現状に満足していればスピンオフなどしない。「会社のトップはこうした方針だが、自分ならこうやることで会社に貢献できる。だが、トップは聞く耳をもっていない。だったら、不平不満だけで何もせず会社に埋もれるよりも、失敗してもやってみたほうが後悔しないではないか」。これが起業の強い動機である。

「自己実現」精神とは、「自分だったら」の精神である。だが、起業から三年間ほどは、「失敗してもやってみたほうが後悔しない」と見得を切ったものの、実際には失敗を恐れる時期である。理由は簡単だ。たとえば、技術系起業家は自分の技術に自信と誇りをもっていても、市場開拓や財務管理には全くの素人だ。銀行との付き合い方、手形発行の仕方、購買管理、毎日の資金管理などは手探り状態である。走りながら考えるような、経営者としてのオン・ザ・ジョブトレーニングの時期がこのころでもある。

この手探りがトレーニングだけに終わり、失敗した起業家も多くいた。いまもいるだろう。こうした起業家たちをみていると、技術系起業家は技術でつまずく。営業に自身のある起業家は販売で失敗する。それは、起業家たちは自分たちの事業がうまく行かなくなると、その得意とする分野で乗り切ろうとするからである。だが、つまずきの根本原因は自分の得意分野ではない場合が多く、根本原因を解決しないかぎり経営の安定は望めない。

この悪戦苦闘のジェットコースターのような創業期を乗り越えると、起業家たちはすべてのことを自分だけでは解決できないことに気づく。多少とも「経営とは何か」「自社の経営理念とは何か」ということについて考え始める。正確にいえば、考える余裕が出てくる。起業家が経営者セミナーや経営塾などのセミナーに出席し始めるのもこのころである。わたしのゼミナール卒業生で、二〇歳代で起業した人たちをみていてもそのようである。

自己実現とは、素晴らしいことである。ただし、それは事業を立ち上げ一人だけでやっている間に限って、である。

従業員が増加し、「わたしだけ」の会社から「わたしたち」の会社に移行し、取引先や顧客との関係がそれなりに出来上がってきてもなお、経営者や従業員が「自己実現」ばかりを主張していると「わたしたち」の会社は確実に行き詰まる。それでは、経営者や従業員だけでなく取引先、顧客を大切にし信頼できる「あなたがた」の会社にはならない。

起業↓企業へと移行するには、「自己実現」哲学から、取引先、従業員、出資者など「他者」を通じての「他者実現」をはかる公共道徳重視の経営哲学への変換が必要となる。起業には「自己実現」エネルギーが、起業↓企業へと転換するには「他者実現」エネルギーが必要である。そして、事業を持続するには「自己実現」と「他者実現」をバランスよく調和させる経営哲学が必要となる。ある学生が、このような経営哲学をもつ企業像を描いてくれた。

「大企業のなかには創業哲学として毎朝毎夕、社員にスローガンを唱和させ、たたきこむようなところもあると聞く。これは企業にもよるだろうが、人を道具扱いしていると思う。……日本は会社国家ではないだろうか。学生は就職しても社蓄になるのをやめ、会社から自立した個人として生きていくことが大事ではないか。……中小企業こそが、学生が就職しても個人として存在できる企業であるべきだ。社員教育などは個人の内面領域に踏み込み、それを奪うことが当たり前のようなものであってはならない。わたしの理想とする企業は社歌や社訓などがない企業であり、個人がしっかり認められる企業である。社員を役職で呼ぶことがなく、上司の力を利用した行為は厳しくチェックされ、……社員一人一人がその内面性を尊重され、経営者と事業目的を共有しつつ、事業をすすめる企業こそ理想である。こうした中小企業こそが生き残っていける。」

学生からのすばらしい経営哲学の提示ではないか。すくなくとも、こうした企業では、コンプライアンス（法律遵守）論やステークホルダー（企業の利害関係者―地域住民、官公庁、金融機関、取引先、従業員などの関係者）論、ＣＳＲ（Corporate Social Responsibility、企業の社会的責任）論など海を渡ってきた概念や考え方を、未消化のままに導入しなくとも、そのままで広く社会に貢献できるような事業活動を維持できるにちがいない。

## 地域貢献論

工業立地論は、工場がどのような理由でその地域に立地したのかを分析する学問大系である。分析対象は、まずは原料などの入手コストである。原材料がすぐに入手できる土地に工場を建設した方が原料を運ぶよりも安価である場合、また原料投入量に比べて産出された製品の重量や体積がはるかに小さい場合には、原料立地が優先される。ただし、いまでは原料の種類も増え、また、輸送機関や技術の発達により、交通の結節点に工場を立地した方が原料調達費の低減が可能だ。

この意味では、いまも輸送コストは重要な要素である。輸送コストには原材料だけでなく最終製品の輸送費も含まれる。最終製品の輸送コストが極めて高い場合は消費地立地型の工場建設が普通である。労働力の調達コストなども分析対象となる。従業員のほとんどが通勤に片道二時間もかかる山間部に立地する企業は多くはない。その他、工場に必要な電力、工業用水など社会的資本がすでに整備されているかどうかも重要な要素である。

これらの要因はいずれも経済的要因である。しかし、経済的要因だけで分析しても、なぜ、その工場や事業所がその地域に立地したのかが解けないことがある。この場合には、政治的要因、あるいは政策的要因が働いていることが多い。たとえば、失業率の高い地域の場合である。第二次大戦前の英国などの地域経済政策がその典型であり、戦後、日本も含めて各国が工業立地政策として採用したりした。

具体的にいえば、英国では、中央政府が国土の均衡的発展を前提に、失業率の高い地域に新規立地、あるいは再立地する企業に対して優遇措置―税率低減、工場用地の提供など―を実施し、他方で、既存地域への立地規制を強化した。にもかかわらず、英国の場合、資本の既存集積への強い執着と工場立地が進んだことは否めない。

日本の場合も、戦後の高度成長期に地域政策が行われた。この場合は、英国と異なり地域政策の名目の下に、東京など首都圏への一極集中をむしろ進める政策がとられた。他方で、既存地域への立地規制はほとんど行われなかったに等しい。このため、いまや東京は過剰集積都市となり、その防災上の脆弱性は明白である。東京の場合、防災政策以前に、防災が可能な基準をはるかに超えて進行した、いわゆる「人・モノ・カネ」の過剰集積が問題である。こうして、一端、過剰集積となると、災害や戦災などの外部的要因によってしか集積状態が見なおされないことも、また問題である。

この背景には、地域政策とは地方自治体の政策であるというわたしたちの感覚がある。しかし、実際の地域政策とは、あくまでも中央政府の政策である。工場や事業所立地は、放任しておけば既存集積地の外部経済性がさらに企業活動を引きつけ、他地域との不均衡を押し進める。それに対して、地方自治体は工場誘致などある程度の優遇措置は導入できても、他の地域への立地規制政策については実施できない。これが可能であるのは中央政府だけである。

さらに、工業立地論の経済的要因や政策的要因によっても、その企業がその地域に立地した理由が解けない場合がある。この場合は、もちろん、ケースにもよるが、大半が成功した起業家の創業地あるいは事業を受け入れてくれた地域への強い思い入れの結果である。若いときに東京や大阪に出て事業を起こし、功なり名を遂げた起業家たちは、故郷などに何らかの「恩返し」をしたいという思いがある。それゆえ、起業家は自分の故郷や若いころに苦労した創業の地に、分工場や研究施設をつくったり、あるいは保養施設をつくったりする。それは工場や事業所だけに限らず、美術館や学校であったりもする。

島根県安来市の足立美術館はその一例である。足立美術館は、この地に生まれた足立全康（一九一九―一九九〇）の設立による。足立は小学校を卒業後、両親の農業を手伝い、地元の木炭を安来港まで運ぶようになった。しかし、足立は木炭を港まで運ぶよりも、自ら仕入れて近隣で売り歩く方が喜ばれ効率的であることに気づき、木炭の販売を始めた。その後、さまざまな仕事につき、戦後、大阪で繊維問屋や不動産業で成功を収めた。

足立は日本画の巨匠・横山大観（一八六八〜一九五八）の作品などに出会ったのがきっかけで、事業の傍ら日本画の収集を始めた。その収集作品をもとに、足立が故郷に美術館を開いたのは七一歳のときであった。日本庭園と大観コレクションを中心とする日本画の名品の収蔵が、この美術館の大きな財産となった。足立美術館は人口の過疎化に苦しむ島根県の地にあって、年間五〇万人を超える訪問者を集めている。

足立美術館を地域貢献の面から見ると、それは「所得再分配型」の地域貢献である。これは、「故郷に錦を飾る」といういまは死語に近い表現を言い換えただけである。こうしたかたちでの地域貢献の背景には、大都市圏の存在があった。東京や大阪などの大都市圏が成長し、さらに人口を吸引することで市場を拡大させ、この市場の拡大が起業にとって生存率を高める効果として働いた。人口過疎地などで起業するよりも、大都市圏で事業を展開するほうが、ある程度の成長が約束された。それゆえ、「若いころに都市へ出る↓起業↓成功↓その資産を故郷に還元」という所得再配分が可能であった。

これだけが地域貢献ではない。大都市圏の過剰集積が是正・解消されない現状では、地方での起業が雇用創出や新産業の創出と結びつけば、国土の均衡的利用と災害のリスク軽減の直接的な地域貢献となる。情報通信技術や交通網の発達により、以前とくらべて、事業展開上での地域間の経済的あるいは社会的制約の差は小さくなった。こうした中で、学生たちにも抽象論だけでなく、地方のより現実的な問題を具体的に考える機会を与え、事業展開による地域貢献への視点を身につけさせることができる。

米国の地域経済学者（工業立地論）のリチャード・フロリダは、『創造的階級の興隆―仕事、余暇、地域、生活がどのように変わる―』で、米国でどのような地域がより創造的な経済活動を行っているのかを分析し、「創造的階級」が地域発展に大きな貢献をしていることを明らかにする。彼はいう。

「わたしたちのなかにある創造力の潜在性を引き出し、それに酬いることはわたしたち次第なのだ。人間のもつ創造性は究極の経済資源である。……創造的な仕事をする人たちの数は、この一世紀、とりわけここ二〇年間で急増した。……彼らは科学者、技術者、芸術家、音楽家、デザイナーであり、わたしが『創造的階級』と呼ぶ知識を基盤とした専門家たちである。」

フロリダは「不平等指標」をつくり、全米各地の所得格差と創造的階級との関係を分析している。彼の採用指標がそのまま日本に当てはまるはずはない。だが、その分析結果が示唆する地域発展の要素あるいは要因については傾聴すべきものがある。

フロリダは、地域にとってもっとも重要なものは「自由」と「多様性」であるとみる。いろいろな人たちを受け入れる自由、これによってもたらされる多様性。この自由と多様性が地域の潜在的創造力を引き出し、創造的活動を促し、創造的階級を生み出していくというのである。都市が人やビジネスを引き寄せるのは単にその市場の大きさだけではなく、都市が自由と多様性をもつからである。

自由と多様性をもつ地域において、日本でも新しい事業やイノベーションが起こりうるのかどうか。地域が起業家を育て、起業家が地域を育てることができるのかどうか。起業教育において重要なテーマの一つである。

ゆるやか論

経済団体の知人から、経営者セミナーの企画を頼まれたことがあった。不良債権問題や金融機関の「貸し渋り・貸し剥がし」問題が浮上し、中小企業の倒産が著増していた時期のことであった。平成のバブル経済崩壊では、金融機関の不良債権問題の一側面が「貸し渋り・貸し剥がし」として表現された。

土地や株価がいつまでも上がり続けるはずはない。それはまるでシーソーゲームだ。跳ね上がり、そして元に戻る。シーソーは続ける人がいて成立する。需要と供給のシーソーゲームは、双方のプレーヤーがいて成立する。需要側がゲームへの参加をやめれば、供給側は大きく跳ね上がった後、地上にたたきつけられる。事実、そうなった。まずは銀行が地上にたたきつけられ、その結果、中小企業が外に投げ出された。「貸し渋り」である。

この「貸し渋り」問題は、大正バブルの崩壊期や昭和金融恐慌のときには「金融梗塞」と呼ばれた。忘れてはならないのは、市場経済のバブル的循環性は過去も存在したことである。景気の山が高ければ、景気の谷も深い。資金は景気に熱せられた熱気球のように膨張する。それは、過去も現在も同じである。わたしたちが学ぶべきは、先人の経験を、時代を超え、将来を切り開く知恵として日々創造的に生かすことにある。

バブル後の、中小企業への対応について、金融学者の松崎壽はつぎのように描写する。

「日本には中小企業が数多くある。これを保護するかどうかは、慎重に検討する必要がある。だが、中小企業が重要な地位を占めている以上、資金の供給を潤沢にしておくことは、日本経済の健全な発達を促す必要条件ではないか。大企業を助けるのもいいが、急激な変化の時代には大企業でも対応はむずかしい。……中小企業の資金力を豊かにしてその経営の欠点をなくしていくことが重要ではないのか。……中小企業への資金欠乏をわたしは心配する。」

他方、東京都の調査資料は、バブル崩壊後の貸し渋り問題の結末をつぎのように結論づけた。

「財務省も資金を放出して、政府もいろいろな改善策を考え、民間金融機関も中小企業の金融問題に関心をもちつづけたが、……中小企業には低利の資金が回らず、高利貸しに依存している。これが問題なのだ。」

エコノミストの木村増太郎は、中小企業の深刻な経営状態をつぎのように描いた。

「金融機関は大企業本位だ。中小企業は融資を受けても、差別的な高金利が適用される。……中小企業のなかには早晩消滅するものもあろう。だが、中小企業のなかには大企業よりも需要の変化に適応してやっていけるところも多い。……社会の健全な発達のためにも、きちんとした中小企業政策をやるべきなのだ。」

これらはいずれも平成の時代に書かれ発表されたものではない。松崎の指摘はおよそ九五年前。東京都―当時は東京府―の報告書は八〇年前。木村の指摘も七〇年前のものだ。中小企業と金融問題は繰り返されていることが理解できよう。

さて、冒頭のセミナーにはなしをもどす。このセミナーでは、「貸し渋り」問題と呼ばれた状況に翻弄され、倒産の淵まで行かなくともその近くまで行った企業経営者たちを呼んだ。セミナー参加者とともに彼らのはなしをじっくり聴くことにした。わたしはセミナーでは毎回、開催のことばとしてつぎのようなあいさつを繰り返した。

「今日、はじめて参加される経営者の方もいらっしゃると思います。セミナーの趣旨を説明します。本日、お呼びした経営者の方は、順風満帆で企業を経営してこられた方ではなく、むしろ大変深刻な経営問題を抱え、そこから起死回生といってもよい方法で立て直された方です。切羽詰って劇薬を使わざるを得なかった経験談が聴けることでしょう。ただし、劇薬です。飲まさせられる従業員などにその覚悟があったのです。この背景まで経営者は人為的に作り出すことなどできるものではありません。決してまねをされないように。元来、成功例はそう簡単にまねなどできないのです。貴社で困ったような経営問題を抱えておられたら、その病状をきちんと観察してください。ほかにいろいろな薬があるかもしれませんし、また、ご自分で処方なさったほうがよいかもしれません。」

こうした経営者の中には、経営の方向性をめぐって兄弟との骨肉の抗争をくりひろげた人。従業員給与の大幅な賃下げ、退職金制度の見直し、組織の大幅な見直しと中間管理職の削減、事業の大胆な再編成などを経験した人たちもいる。また、従来のトップが引責辞任し、火中の栗を拾った人たちもいる。しかし、彼らは、その後、業績を急回復させ、首切りを一切行わない代わりに大幅な給与引下げに応じた従業員たちの給与を引き上げ、研究開発に力を入れ、新たな製品群を充実させ収益を向上させた。

先達の経験をその背景とともに、時に批判的に聞き、時にその勇気に学び、そのバイタリティーを自分のものにするのは大切である。ただし、先達の成功例はそのままでは決して応用できない。むしろ全く正反対のやり方が功を奏することもあろう。

彼らの経験をゆるやかで柔軟に、かつ創造的に応用することが重要である。

# 第四章　プログラム作成原論

## 第一節　チーム学習論



チーム学習

ヨハネス・パルタネン等は、フィンランドが経済危機に苦しんだ一九九〇年代前半に、フィンランド中部の都市ユバスキュラでおもしろい起業教育プログラムを始めた。プログラムの名前は「チーム・アカデミー」（フィンランド語ではティエミ・アカテミア）である。パルタネン等は『チーム・アカデミー―実践によって学ぶコミュニティーの実話―』で、この教育プログラムとその背景をつぎのように述べる。

「いままでの教育体制は自発性ということを当てにしていなかった。カリキュラム、コース内容、評価基準は細かく決められ、教師たちはこのシステム実行の義務を負うだけ。学生には科目選択の余地はほとんどなく、やり方を選ぶ可能性も実際にはなかった。従来のカリキュラムでは、学生は静かに座ってただ先生に従うだけであった。こうしていれば、生徒たちは産業界のニーズに応じて良い就職先につけた。現在の仕事は単純で繰り返すだけの流れ作業のようなものでなくなってきているのに。働く人たちは情報を管理し、自分の仕事を自主的に計画できる自発的な専門家となることを期待されている。……若い人たちの将来のキャリアに役立つようなカリキュラムこそ、学生たちが自発的に取り組むものに変えていくべきなのだ……。」

ここで描かれる教育の構図を、大量生産型あるいは流れ作業型の産業構造や社会構造変化などと対応させて整理すると、つぎのようになる。

〈いままでの産業社会〉　〈これから〉

大量生産・流れ作業（マス教育での座学）　↓知識社会（自発性の引き出し）

階層的組織文化と外発性　↓企業家精神と内発性

学校だけの教育と長期雇用　↓雇用短期化と「学び」の継続（生涯教育）

知識伝道者としての教師　↓コーチとしての教師

この構図で重要なのは「これから」で示された方向性だ。すなわち、パルタネン等はいう。

「現在、わたしたちの知識は三〇か月後には古くなっているかもしれない。固定的な学習方法・カリキュラムは学生が卒業するころには、時代遅れになっているだろう。……自発性とは勝手に出来上がってくる能力（スキル）ではない。それには正しい環境と教員側の正しい指導が必要なのである。教師は学生たちを自分たちの知識を何でも書き込めるような白紙のようにみなす役割を止め、学生たちと同じ学びの場のコーチとなり、彼らが成長して一生を通じて自発的に学べる人となれるよう支えるべきだ。」

パルタネン等は、学生たちの自発性を引き出す教育方法として、チーム学習を積極的に取り入れたプログラムを発展させた。だが、チーム（班別）学習というやり方自体は、日本の小学校や中学校でも導入されてきた。小中学校のやり方と、大学でのビジネス教育あるいは起業教育との根本的な違いは、後者において実際にビジネスを経験させる意味で「実践による学び」（Learning by doing）を必要不可欠としていることだ。これがプログラムとして用意されなければならない。

パルタネン等は、学生たちにビジネス経験を促すプログラムを非常に重視する。彼自身は米国のピーター・センゲの「学習組織（ラーニング・オーガニゼーション）論」と野中郁次郎等の「知識創造論」に大きな影響を受けてプログラムを発展させた。彼は自身のモデルを"Brain-industrial Model"と呼ぶ。

センゲの「学習組織論」では、従来型のヒエラルキー（権威主義）型組織とは異なり、組織のメンバーが学ぶ能力をもち、それによって組織の競争力を維持するようなあり方が重要視される。ここでいう「学び」とは、ビジョンや目標を達成する上で自らを変えうる能力である。「学び」の重要な鍵概念は、「継続」「創造」「意欲」「コミュニケーション」「ビジョン」そして「チーム」である。「学

第4図　4つの知識変換と知識のかたち

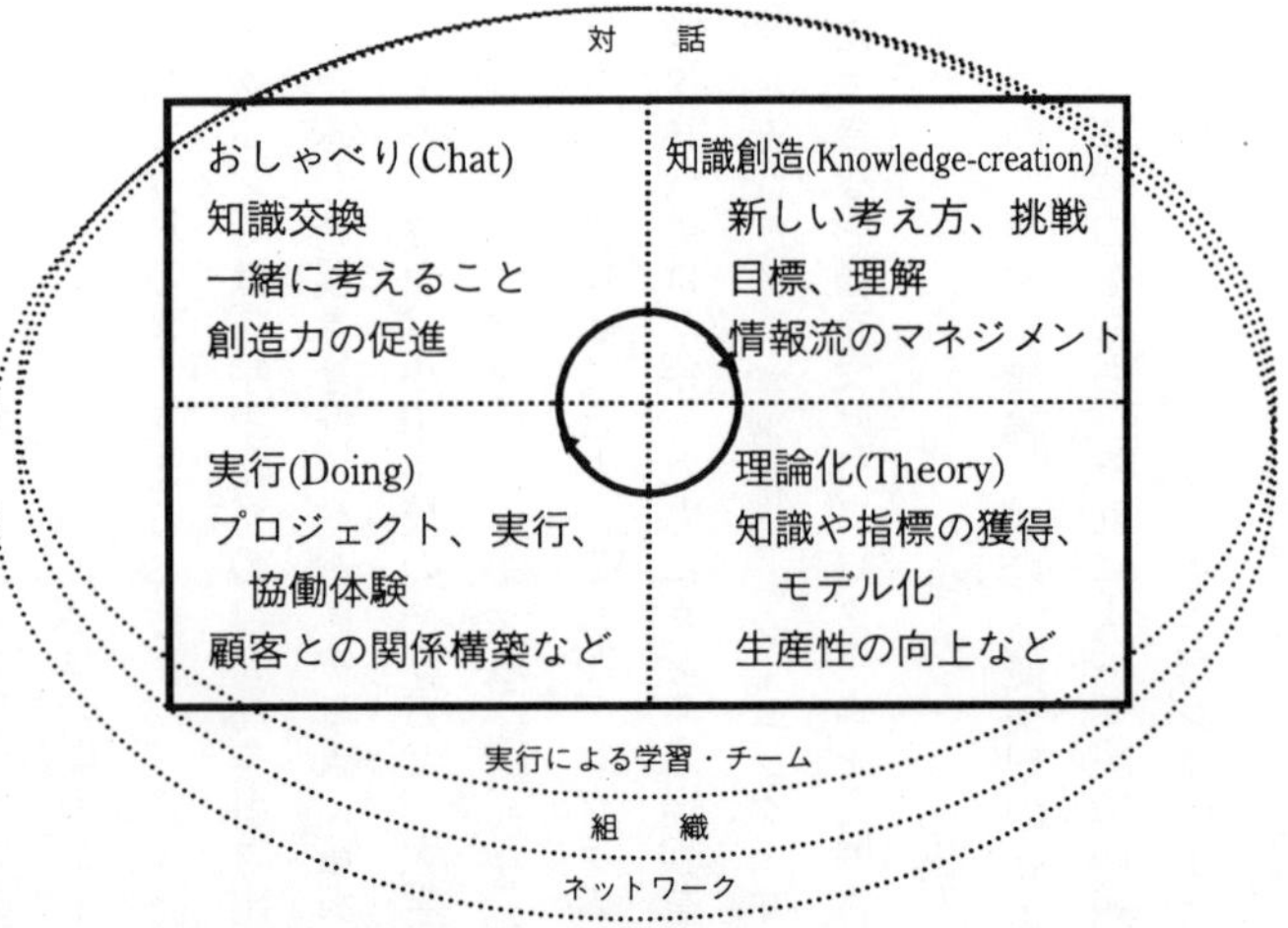


出所：Niina Leinone, Johannes Partanen, Petri Palvianien, *The Team Academy: A True Story of a Community That Learns by Doing*, PS-Kustannus, 2004

ぶ」組織では、つぎの五つの訓練が必要とされる。

(一) システム思考（System thinking）―物事の構造的相互関係への理解。

(二) 自己認識・制御（Personal mastery）―組織構成メンバーの個々人が自己を認識し、自らを高めようとすること。

(三) 凝り固まった型（Mental models）の克服―固定観念などの克服。

(四) ビジョンの共有（Shared vision）―組織とメンバー個々人の共有できるビジョンの必要性。

(五) チーム学習（Team learning）―双方型対話であるコミュニケーションの重要性。

パルタネンは、このセンゲのいうシステム

思考を野中等の「知識創造論」にうまく取り込み、(二)以下の訓練を彼のいう実地訓練（experimenting and testing）に結びつけ再構成している。彼の主張する四つの知識変換を示したのが第四図である。それは、野中等のいう知識を組み込んだ四つの「箱（box）」あるいは「場」からなる。

①「おしゃべり」の箱（場）―チームメンバー間で経験、アイデア、成功談、失敗談などを自由に交換し、考え方を共有する。この段階ではメンバーだけの暗黙知である。

②「知識創造」の箱（場）―暗黙知から形式知を創りだす。新しい事業コンセプト、挑戦的な目標などを設定する。

③「理論化」の箱（場）―二番目の箱で創造された知識を、研究書の理論、調査報告書や顧客から得た形式知と結びつける。こうして得られた知識を文書化しておく。

④「実行」の箱（場）―①から③で創造された知識を具体的プロジェクトに移し変え、実際に応用・実践する。

この四つの箱（場）からなるモデルには、上に「対話」、下に「実行」「チーム」「組織」「ネットワーク」が配置される。対話の重要性はいうまでもない。だが、それが実行と結びつき、その経験が対話を通じてチームメンバーに共有されることがより重要である。つまり、先に述べたセンゲの(四)と(五)の訓練項目である。ここでは権威主義的な階層的組織に特有な一方通行的対話ではなく、相互通行的対話が決定的な重要性をもつ。パルタネンはこのモデルにおける「個人」「チーム」「組織」「ネットワーク」をつぎのように位置づける。

(ア)　個人―「つくり、創造し、文章化し、やってみるのは個人である。自身の個性、知識、能力と経験に基づき、学び、自身の学習を組み立てるのは個人である。」

(イ)　チーム―「個人を取り巻くチームが彼の学習過程を支える。学習過程はチームで改善され、これがより良き結果と新しい知識を生み出す。」

(ウ)　組織―「すべての組織、チーム・アカデミーもまた個人の学習過程を支え、学生の取り組む環境を拡大させる。」

(エ)　ネットワーク―「取り組みを組織内だけに限定させてはならない。個人、チーム、組織は顧客、チーム・アカデミーの他の人たちから成る広範囲なネットワークの一部として動くべきである。」

ここでは、個人の学習がチームを支え、チームの取り組みが個人の学習を支えるという関係が強調される。この関係は単にチーム内だけに留まらず、チームの外部構成メンバーとの密接なネットワークを通じても維持されている。

### 協働と学習

パルタネンは、第四図の「おしゃべり↓知識創造↓理論↓実行」というモデルは同時にイノベーシヨン促進モデルでもあるとして、つぎのように指摘する。

「イノベーションや想像的な解決方法、あるいは新しいアイデアは意気消沈したようなムードから出てこない。個人、チーム、ときには全体組織が過去の経験を利用し、新しいモノの見方を探したり、それらを組み合わせたりしてイノベーションをつくりだせる。イノベーション過程はこのモデルの学習サイクルと同じようなものである。」

こうした彼の考え方をうまく示しているのが第五図である。

㈠　経験を交換する場―学生たちが企業からの宿題をプロジェクトとして実行することは実験であり、経験となる。この経験を個人で抱えるのではなく、チームメンバーと対話を通じて交換することが想像力の促進につながる。

㈡　考える場―チームメンバー同士が経験や情報について対話を通して交換し、それらを整理し、明示化された知識に置き換えていく。

㈢　具体的化する場―発展させた考え方をより現実的なかたちにする。

㈣　挑戦してみる場―実際にやってみる。

この四つのサイクルで重要なことは、問題解決のためにチームメンバーが協働することである。これは一種の協働学習（cooperative learning―協同学習よりも活動的に動くという意味で、「協働」のほうがピッタリする）といってよい。そして、パルタネン等は協働学習のあり方とその重要性を、他のフィ

第5図　イノベーションプロセスと知識創造モデル

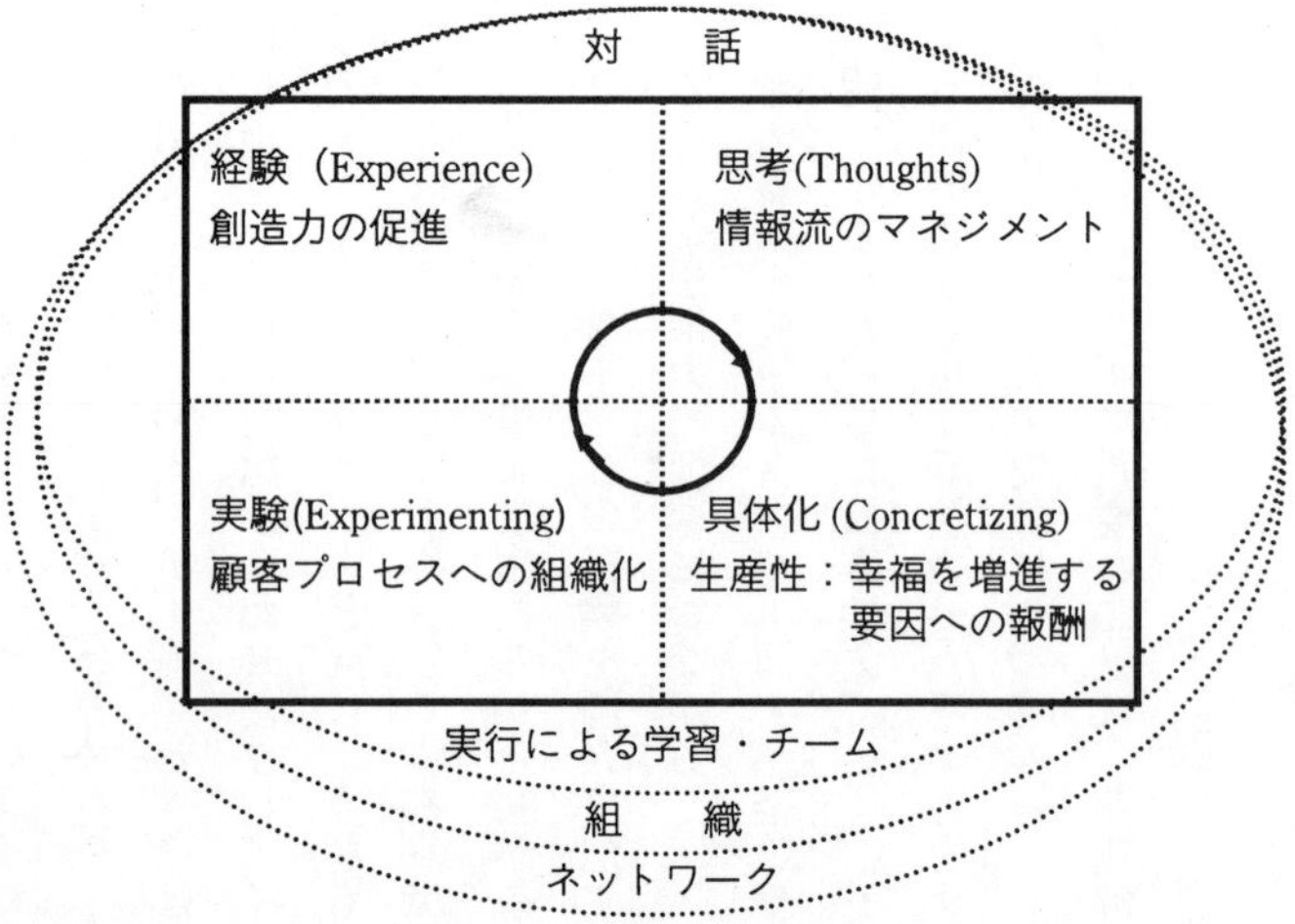


出所：Niina Leinone, Johannes Partanen, Petri Palvianien, *The Team Academy: A True Story of a Community That Learns by Doing*, PS-Kustannus, 2004

ンランドの学校などでの取り組みも参照しながらつぎのようにまとめている。

①　学習者の積極的な相互依存性—個人の成長はチームの成長と相互依存関係にあること。

②　学習者間の十分なやりとり—学習者間でフィードバックがあり、チームとして結論を出すこと。

③　結果に対しては個人として責任を取ること—チームの個々のメンバーが学びあうという意識が重要であり、チームは個々のメンバーを支えること。

④　社会性の重要性に対する意識—チームで協力して働く（＝協働）能力を身につけること。

⑤　チームとして動くこと—組織としての

第６図　従来型学習目標論と知識創造型学習目標論

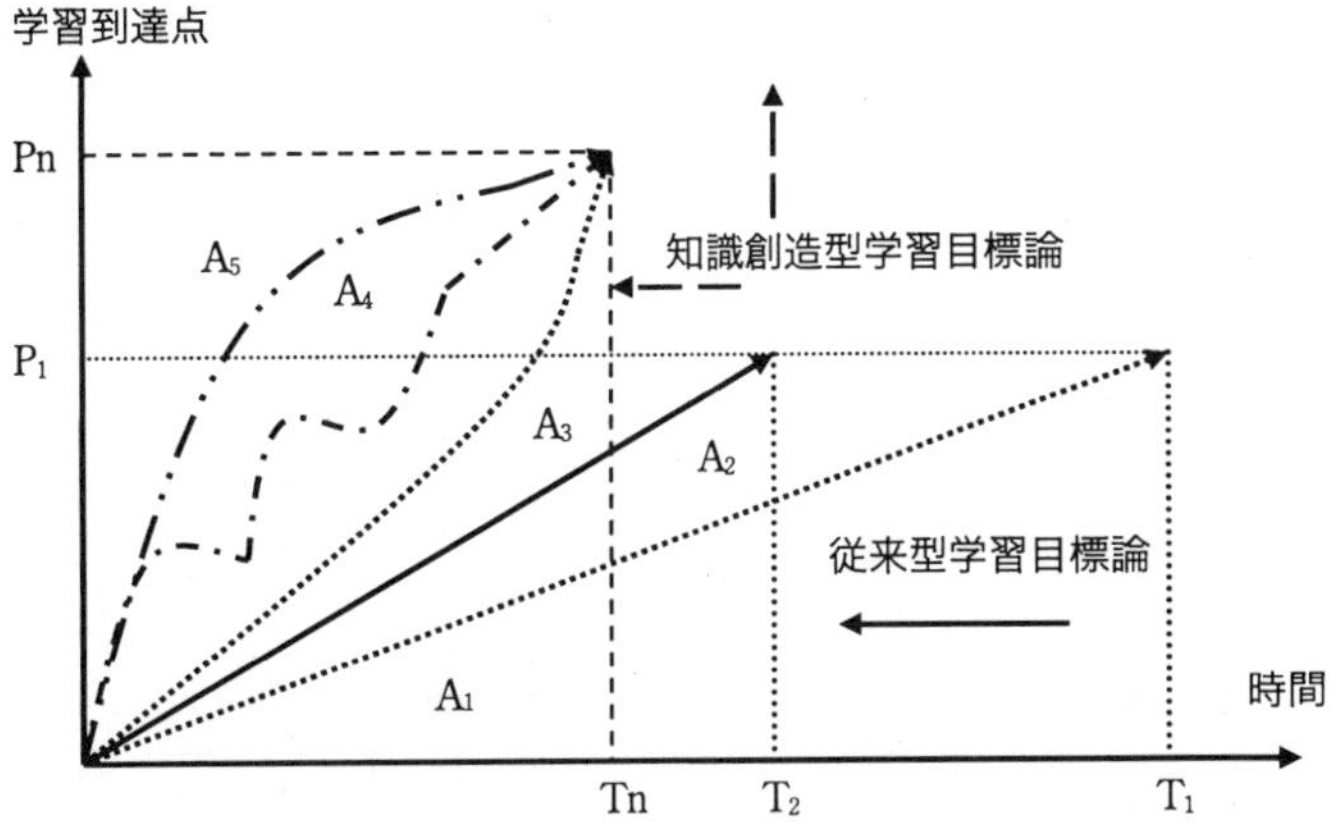


意思決定と非効率的なやり方の排除など。

こうしたやり方には時間がかかる。また、メンバーの構成によっては、やり方として非効率的な場合もあるかもしれない。だが、すこし長い目でみれば、学習者が自分の経験や知識を人に伝え、そして人から伝えられた経験や知識を学ぶことができる。これは従来型の教師↓学生という一方的な知の移転とは異なる。

ただし、この知識交換が可能であるか否かは、参加者の言語能力に大きく依存する。この意味では、「読み・書き・話す」といった基礎的学力は非常に重要である。第六図を見ると、$P_1$という「読み・書き・話す」といった目標へ$T_1$という時間をかけて到達する矢印$A_1$を示している。これは個人レベルでの自習線であった。

これを短縮させるのが学校基礎教育であり、これにより、個人では$T_1$かかる時間を$T_2$まで低減させられる。この時の個人の学習線を$A_2$とする。これに対して、知識創造を重視しこれを協働学習によって行うやり方では、従来型の教育方法にも助けられながら、時には学習到達点$P_n$自体をチームで決定し、個々人の学習線を多様なかたちでつくる。

従来の教育方法では、第六図で「右から左」の矢印で示す、学習時間の短縮化という方向性が顕著であった。これに対し、知識創造型の学習方法は「下から上へ」という方向性をも含んだものである。しかも、チームが$P_n$という学習到達点に達するには、個々人が必ずしも同じような学習線を描くのではない。むしろ$A_3$、$A_4$や$A_5$という多様性をもつ学習線によって新しい考え方などが創造される可能性が高くなる。この過程では、個人学習で得られない社会性や協調性、責任感、そして独創性（＝個性）を得ることの可能性が高い。

わたしのプロジェクト・マネジメント演習でも、こちらが仮に与えた課題$P_n$に対する学習過程のなかで、次元の異なる、あるいはより高次の学習目標がいわば自主的に定められることがある。こうした過程で、学生たちには個人学習では得られない能力を発揮できる場が提供される。

### 教室と実験

パルタネン等が高等教育機関でのビジネス教育から一歩踏み出し、新たな試みを行っていた時期、わたしはユバスキュラ大学ビジネススクール（生涯教育センター・高等経営院）のセミナー講師として産業政策論などを担当していた。残念ながら、わたし自身は、同じ場所にいたとはいえ、その時はパルタネン等の新たな試みを知る由もなかった。

そして一二年後、フィンランドの地域経済とハイテク企業との関連性を調査するために、わたしは久しぶりにユバスキュラ市を訪れた。この地の友人や知人との再会も、その時の訪問の目的の一つであった。ヘルシンキ市での所用を済ませた後、ユバスキュラ市には鉄道で向かった。四時間ほどの距離である。迎えに来てくれていた旧友は変わっていなかった。一変していたのは駅舎とその周辺であった。かつては、木造の古い駅舎とその後ろにレンガ造りの合板工場しかなかった場所に、ガラス壁面のサイエンスパークビルが建ち、その周辺には展示場やホールが建設され、駅舎も新しくなった。ただし、合板工場の高い煙突と工場は残っていた。

友人が週末に、わたしがかつてお世話になった先生の夏の家に遊びに行くか、それとも、おもしろい学校を見に行くかをたずねてくれた。わたしは学校を選んだ。大した考えではない。単なる好奇心であった。待ち合わせ場所は合板工場の前。なぜ、学校に行くのに合板工場かと思ったが、多分、そこから車で行くのだろうと忖度した。

土曜日の朝、すこし早く待ち合わせ場所に行ってみると、一人の若い女性がそこでだれかを待っていた。わたしは友人だけが来るのであろうと思っていた。しばらくして、わたしの友人が先生ともう一人の若い女性と一緒にやってきた。

友人のはなしで、最初の若い女性がそのおもしろい学校の学生であることが分かった。もう一人の若い女性はわたしの友人の長女であり、この学校の卒業生で、その時は学校の二階にあるインキュベーターで経営コンサルタント会社をやっていた。彼女に学校を開けてもらい、見学することにした。

驚いたことに、待ち合わせをした合弁工場こそが、ユバスキュラポリテクニック（高等専門学校）、すなわち、パルタネン等の学校であった。元工場の中は改造され、オープンスペースで学生たちがどのようにも空間を演出できる。学生食堂やサウナもまた学生たちのデザインによる。学生たちのチームはそれぞれの「オフィス」を思い通りにつくっていた。教室の正面は教壇ではなく、音楽などを演奏するステージであった。

人の縁とは不思議なものだ。友人の長女が卒業生でなければ、この学校を知ることはなかったかもしれない。パルタネンと知己を得ることもなかったろう。必然、チーム・アカデミーという起業教育プログラムをここで紹介することもなかったろう。

さて、もう一度、はなしを昔に戻す。

一三年ほど前、二〇年間近く、大学と全く疎遠であったわたしが地方自治体から大学に移り、ゼミナールをもった。人間とは保守的な存在だ。当時、わたしにとって、ゼミナールとはわたしの学生時代のやり方そのものであって、それを踏襲し、授業をすすめた。要するに、「テキストの輪読→解釈→わたしの解釈→討議」という伝統的なやり方である。

このやり方を最初の四年間ほどは多少とも工夫して続けた。五年目ぐらいから、わたし自身が楽しくないと思うようになった。学生たちもまたそう思ったにちがいない。以降、わたしが受けた工学部教育と、勤め人時代にチームとして動き、やがて若いスタッフを指導する立場で学んだやり方を重ね合わせた。ゼミナールのやり方について試行錯誤を繰り返した。

いまになって考えてみれば、この試みは、豊富な実務経験をもち、いまも実務をやりながらマーケティングを教えているパルタネン等が、従来の学びのスタイルを継承しながらも、新たな協働学習方法を追い求めた軌跡とも重なる。もっとも、この試みの多くは暗黙知であり、教育学などを専攻したことがないわたしにとって、それを教育学用語や組織論の用語などで置き換えることなど考えたことはなかった。おそらく、パルタネン等もそうであったろう。

わたしの場合は、自らの試行錯誤の先に、起業家育成を通じて地域雇用の拡大を目指すなどという大きな目標を持たない孤軍奮闘であった。だが、パルタネン等は、一九九〇年代央にフィンランド経済が産業・企業の再編成と失業者の増大―特に若年失業層と長期失業層の拡大―に苦しむなか、とりわけ、産業構造の変化への対応に遅れたユバスキュラ地域で、いかにして起業家を生み出していくのかという大きな課題を抱えていた。この意味では、パルタネン等の経験（＝暗黙知）をチーム・アカデミー的方法論（＝知識創造）にまとめ上げる過程そのものが、チーム・アカデミーという「起業家育成の小さな学校」を通じた地域経済の活性化の試みであった。

しかしながら、わたし自身のやり方と試行錯誤的経験の七割までは、パルタネン等の試みと共通していた。それゆえ、学生や友人の長女からパルタネン等の取り組みについて聞いた時に、その一時間あまりの説明で彼等の取り組みと試行錯誤の過程がすぐに理解できた。

教室とは単に座学の場ではない。実験の場であることが重要なのである。ビジネス教育や起業教育においてはなおさらそうである。このことは、伝統的な座学教育の役割を否定するものではない。工学教育における座学と実験の関係にみられるように、座学は基本的な知識を短期間で取得させる上で依然として重要である。

より重要なのは知識を活用、応用させる場を提供することである。そして、より基本的で本質的なものへの理解を深めることである。たとえば、工学教育では、理論値と実験値が必ずしも合致しないことを知ることが重要である。このことが新たな発見へつながる。理論値と実験値が異なることは、実学教育における理論と応用とパラレルな関係をもつ。パルタネン氏がコルベの「実験的学習論」を重要視した理由もそこにある。

わたしが学生たちと一緒に、プロジェクトを基本とする教育プログラムを模索し始めたときに、学生たちに与えた最初の課題は「自分たちの想像力を引き出すような」教室の設計であった。これもまたパルタネン等の取り組みと一致していた。パルタネンはいう。

「教室設備なども学習の場の文化と価値を反映するものである。わたしたちの価値観が学ぶ方とコーチの平等性を強調するものであるとすれば、教壇や閉じられたドアなどの権威の象徴は学ぶ場の一部であってはならない。開放の重要性、知識や情報の自由な交換などを強調したいなら、それが学ぶ場である教室設備などに反映されるべきなのだ。」

実際に、パルタネン等は学生たちに設計させ、それを実現させた。わたしの方は学生たちに設計させ、その縮尺の雛形をつくってもらった。具体的な指示は出さなかったが、わたしの学生たちがつくりあげたのはチーム・アカデミーのような教室だった。わたしの四つの学生チームが提示した想像力を生み出す教室の概念は、チーム・アカデミーとほぼ共通していた。

その一つは「学生が自由に移動できること」。そこには固定されたような机や椅子はなく、必要に応じてチームやグループごとにオープンスペースが確保できる。

二つめは、ゆったりと腰掛けることのできる椅子があること。これについてはなかなかいいデザインをしてくれた学生もいた。

三つめは教壇がないことであった。

教室はつねに外部に開かれ、さまざまな実験がそこで許容され、失敗してもそこから学ぶことでさらに外部へと開かれていくものである。

## 第二節　具体的学習論

### 革新と核心

「イノベーション」とは、決められた到達点にたどり着くためのノウハウ（Know-how）論ではない。それは「何」に新たに取り組むのかという思考と作業のことである。この意味では、イノベーションという横文字を「革新」ということばに置き換えても、その本質は見えてこない。イノベーションとは、「頭の勇気」ともいうべき、人びとの創造的行為や作業であって、そのためには「異を述べる」ことが重要である、とわたしは考える。いわば、イノベーションの、「イノベ」とは「異述べ」のことである。

この「異述べ」（＝異を述べる）行為とその影響こそがイノベーションの本質である。それは、しばしば従来のやり方や考え方と摩擦を起こす。この摩擦熱が革新につながる。他方、摩擦熱を下げるにはリノベーション（修復）が重要となる。わたしは、これを「リノベ（＝理（利）述べ）」と呼んでいる。つまり、「理を述べる」と「利を述べる」ということである。イノベーションこそ新たなビジネス展開にとり重要である。だが、それには「利益」を生む「理屈」を述べることが必要である。

このイノベーションの過程と学習論を重ね合わせたのが第七図である。わたしなりに整理するとつ

第7図　イノベーションと学習過程

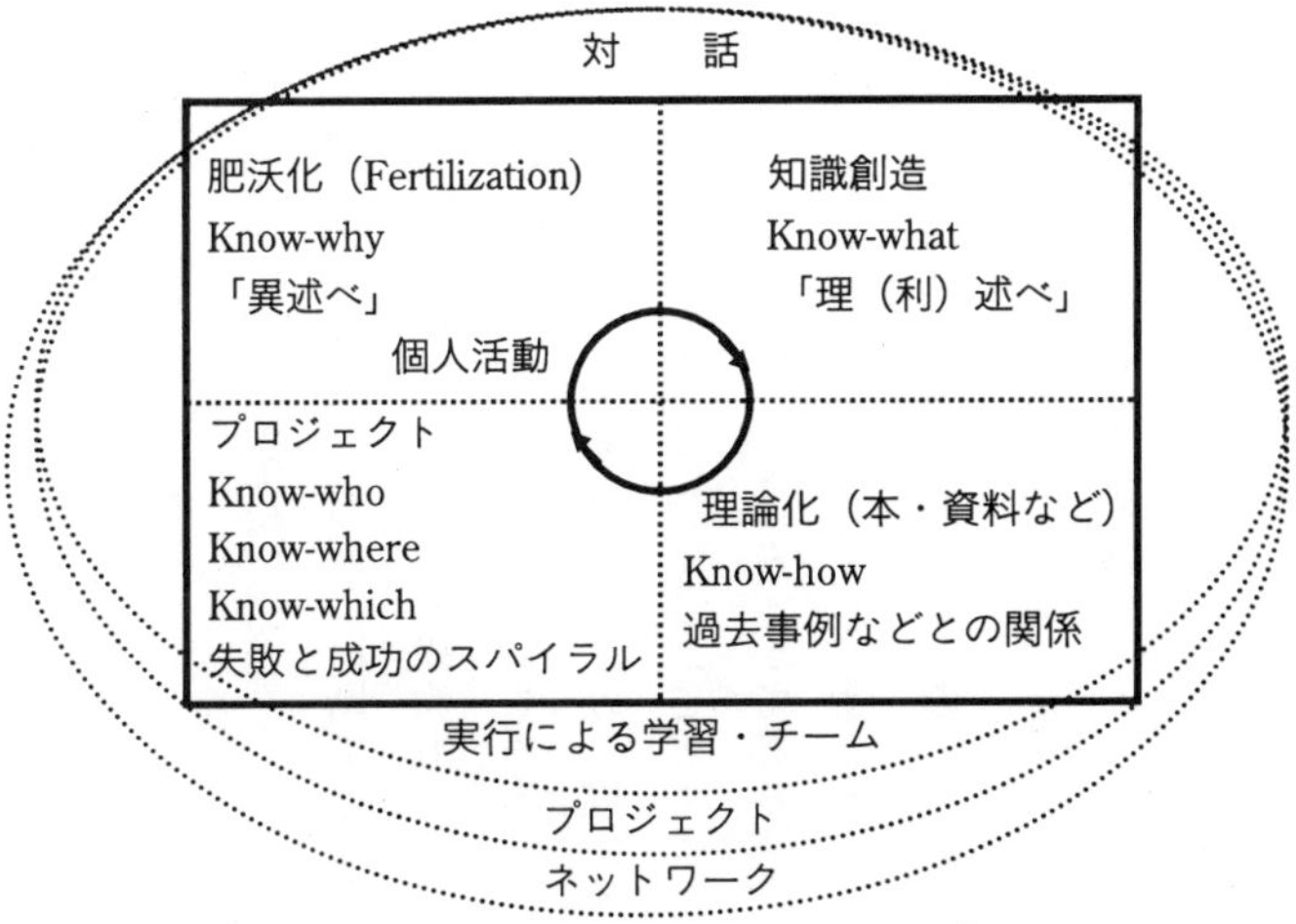


出所：Niina Leinone, Johannes Partanen, Petri Palvianien前掲書を参考に作成。

ぎのようになろう。

(一)　肥沃化─「異述べ」という過程は、従来の考え方などへ疑義を呈するある種の創造的破壊である。いわば混沌（カオス）である。ここでは、さまざまな経験やアイデアを、従来と異なるということで否定するのではなく、それを豊かに育て上げることが重要である。ノウハウ（Know-how）ということばがよく知られているが、ここではノウハウという方法論ではなく、むしろ、なぜ、そうした取り組みやアイデアが必要なのかという新しいビジョンを得ることが重要な役割を果たす。この意味では、Know-whyを問う場である。

(二)　知識創造─この過程では、「異述べ」という混沌（カオス）を混沌で終わらせない。それを共通認識と一つの方向性を生み出す知識創造過程に転化させる。このためには、形式知という「理述べ」が重要な役割を果たす。いわばKnow-whatを問う場である。

㈢　理論化―この段階では、「異述べ」→「理述べ」によって生み出されたアイデアなどをさらに理論化することで、つぎの段階であるプロジェクトでの具体化に結びつける。このためには、本や資料―いまではネット検索も含め―から過去事例などを集め、分析することが重要である。ここで初めてKnow-howという考え方が重要性を増す。

㈣　プロジェクト―実際にやってみる段階である。研究開発などの多くは失敗の連続である。そうした失敗からさらに深く学ぶことにより成功が得られる。重要なのは致命的な失敗や単純なミスをどのようにして減らすかである。そのためには、組織の内部だけでなく、外部においてもどのようなネットワークを形成するかである。だれがキーパーソンであるかを特定し（Know-who）、適格な情報の在り処を探し（Know-where）、適切な方法を選択すること（Know-which）が必要である。

では、どのようにして「肥沃化」を進めるのか。あるいは、よりゆたかな発想をどのようにして促していくのか。この課題について考えるにあたって、つぎにブレーンストーミング（頭嵐）についてふれておきたい。

頭嵐と方法

新しいアイデアなどを生み出す「ブレーンストーミング」（頭嵐）の方法論としては、文化人類学者の川喜田二郎の「ＫＪ法」などがある。これは川喜田自身がネパールでのフィールドワークの記録を整理するために編み出したものだが、高度成長期に日本企業などが企画の場で使い普及した。わたしも大学時代に、指導教授から習った。社会人になってからも企画研修なるものでやった記憶もある。そのころにはある程度の普及があったのだろう。

ＫＪ法は、効果的な作業手順といった実務的なことから、研究開発上の隘路を突破するという高度な専門性が要求されるテーマにまで応用される。この方法論には、通常、つぎの四段階がある。

㈠　第一段階―参加者が思いついたことをカードに書き出す。ただし、一枚のカードに一項目である。

㈡　第二段階―個別カードを分類して、このグループに名前（ラベル）をつける。

㈢　第三段階―大きな白紙の上に、グループ化されたカード群を似たものは近くに配置し、相互の関連性が高ければ線を引いておく。

㈣　第四段階―グループごとの配置を意識して、アイデアを文章化する。

ブレーンストーミングの方法は、ＫＪ法にかぎらず、いろいろなやり方で企業などで実践されてきた。いまではこれを外部化して、コンピュータソフトとして売り出されたりしている。わたしの手元にも何種類かある。企業内の有益な企画方法として門外不出といわないまでも、ノウハウ論として蓄積されているものもあるだろう。

米国のデザイン会社で世界的展開をしている企業にも、デザインをする上で独自にブレーンストーミングを発展させてきたところがある。アイデオ（IDEO）もこうした企業の一つである。この会社を知らなくても、同社がデザインした製品にはどこかで出会っているはずだ。同社の活動はニュースウィーク（米国版二〇〇四年五月一七日号）にも紹介された。このデザイン会社のブレーンストーミング方法は、ＫＪ法と共通しているところがある。もっとも重要なのは参加者が自由に思いついたことを発言できることである。ただし、人の発言に対して、参加者は否定のことばを発しないことが大きなルールとなっている。

わたしなりに、ＫＪ法とこのアイデオの方法を組み合わせて、学生たちにも協力してもらって五年間ほどの実践を通じ開発した方法がある。紹介してみる。道具として必要なのは、①白の大きな摸造紙、①アイデアを書き留めるカード、②数色の太字筆記具、③数種類の色のポストイット（裏面に糊がついたメモ用紙）、である。テーマは、たとえば、特定企業の新たな事業戦略について取り上げてもよいし、あるいは、新しいサービスや商品開発といったものでもよい。

①　第一段階―ＫＪ法にならって、いろいろなアイデアをカードに書き、参加者それぞれがテーブルに投げ出しておく。その際、参加者は互いに意見を交わしても良い。ただし、人のアイデア

に否定的な言動は慎む。もし否定すれば、その人は一定時間退出することをルール化しておく。

② 第二段階―模造紙の上に―模造紙は壁に貼り付けておく方が、視界が広く効果的―、KJ法の第二段階のように、カード同士ごとの関連性を考えながら、カードを貼り付けていく。こうすると、カードの多寡や傾向でグルーピングが自然に視覚的に見えてくる。

③ 第三段階―カードをグループごとに独立させ、それらを新たな模造紙に貼り付ける。多くても五～六枚というところであろう。それらをパネルのように大きな壁に貼り付けておく。

④ 第四段階―ここで数種類の色のポストイットを登場させる。色については、必要に応じて取り決めればよい。たとえば、短期的課題＝赤色、中期的課題＝黄色、長期的課題＝水色とか。あるいは、技術的課題＝赤色、マーケティング的課題＝黄色、財務的課題＝水色といった、具合である。参加者の出したアイデアカードに対して、こうすれば実行可能というアイデアを色の分類にそってポストイットに書き込み、貼り付けていく。

⑤ 第五段階―見渡すことで、おもしろいアイデアグループには多くのポストイットが貼られることがわかる。さらに、色の種類によってすぐに取り掛かれるアイデアなどが手に取るように理解できる。

このブレーンストーミング方法で重要なのは、第一段階である。アイデアというものは、否定されれば、それ以上の発展は望めない。学生たちの取り組みでも、誰かがあるアイデアを出すと、「それはいまの段階では技術的に不可能だろう。あるいは、予算的には無理だろう」という参加者が必ずいる。これではアイデアは出てこない。否定的な発言が続けば、人はアイデアを出す前に、いろいろな条件を自分で考え否定して、狭い発想しかできなくなる。アイデアを実行していく上の困難を解決するのはつぎのプロセスで、要はまずアイデアを出すことだ。

ブレーンストーミングは長々とやる必要はない。長くやれば、やること自体が目的化される。また、ダラダラと雑談ばかりに時間が費消される。一回あたり一時間半から二時間が限度である。特定テーマを決め、ブレーンストーミングを二〜三回やれば、大体の方向性が見えてくる。方向がみえてくれば話したり書いたりすることも大事だが、それを視角化させながら、具体論を展開させる必要がある。そのためには、実際に視角化できる道具を用意しておけばよい。

わたしの経験については紹介した。再度ふれておこう。わたしはゼミナールの学生に六〜七人単位で四つのチームを作らせ、日本の携帯電話を製造している特定メーカーを選ばせ、その世界戦略を作らせた。このうち、二チームは韓国人留学生を含む国際チームである。韓国メーカーの世界戦略もネットなどを通じて徹底して調べさせた。

チーム内の戦略などをめぐるブレーンストーミングは、ことばだけの遊びという抽象論になりやすいので、わたしは学生たちにモックアップモデル（＝実物大模型）を作らせた。

携帯電話については、韓国や台湾メーカーやノキアがどうのこうのというよりも、実際にモックアップを紙粘土でつくって議論をした方がより効果的である。わたしたちはこれを「ことばの視角化」作業と呼んでいる。ことばで論じるよりも、現物に近いものをつくり議論する方が時間節約的である。輸出市場の特性などを考え、色やデザインをかえ何種類かのモックアップモデルを短期間で作り上げて具体的なイメージをつかむことが大事である。

それぞれのチームには道具箱（ツールボックス）を渡している。箱の中には、紙粘土、絵の具、筆、ヘラ、厚紙、定規、接着剤、接着テープ、色紙などが入っている。すべて百円ショップで簡単に手に入るものばかりである。以前に、わたしは経営学部の学生たちに空間設計コンサルティングのチームをつくらせて「人をより創造的にするオフィスや教室の設計」というテーマを与えたことがあった。わたしが道具箱を思いついたのはこのときの経験から来ている。

わたしは工学部の出身だ。わたしの年代の工学部というのは、製図や図学が教養課程のときの必須科目であった。来る日も来る日も製図をやっていたような思い出がある。こうした経験をもつ者は物を眺めたときにその立面図や側面図などを頭の中で思い浮かべることができる。これは一つの訓練といってよい。

だが、経営学部や経済学部の学生にとって製図は馴染みが薄い。実際に荒いイメージ図は書けても、実際の製図はできない。それでは、ことばだけで設計を論じているような感じだろう。その点、現実に縮小スケールなどでモックアップモデルを作るのは製図を書くよりも簡単である。だれでも幼稚園や小学生のときに、粘土細工をやった経験はある。

とはいえ、経営学部の学生たちにも器用な者がいる。縮小寸法のイス、テーブル、パーティション、観葉植物、コンピュータなどを紙粘土で作って、その配置をいろいろと工夫して非常に独創的な空間提案を行ってくれたチームもあった。以来、わたしのブレーンストーミングでは、先ほど述べたやり方と、道具箱を活用したモックアップモデル作りを並行させて、ビジネスプランやアイデアなどを検討するようになった。

### 発想を学ぶ

アイデオのトム・ケリーは『イノベーション術』（邦訳『発想する会社―世界最高のデザイン・ファームIDEOに学ぶイノベーションの技法―』）で、イノベーションを生み出す発想方法を紹介している。それには、まず五段階がある。

(一) Understand（理解する）。

(二) Observe（観察する）―「注意深く観察するようになれば、さまざまな洞察が得られ、あらゆる機会が開けてくる。」

(三) Visualize（視角化する）。

(四) Evaluate（評価する）。

(五) Implement（実現する）。

これはトム・ケリーの兄で、創業者デビッド・ケリーの創造哲学から発想されたものである。さらに、デビットはデザインをする上で、つぎの五段階を重視する。

① Fail（失敗しても、まずはやってみる）—「『失敗は成功への早道』、リスクをおかせば、かならず失敗はついてまわる。しかし、リスクをおかさなければ、おそらくあなたは成功しないだろう。これは、私たちがつらい体験のなかから学んだ教訓であり、幾多のクライアントとともに見てきた事実である。すぐれた企業は、小さな失敗の文化を抱えている」。まずは、「やってみなはれ」の精神である。

② Left-handed（右利きの人ばかりではない、左利きの人もいる。発想を変えてみる）—「私たちは『左利きの人の身になる』という原則を立て、消費者のニーズへの共感を育んでいる。消費者が自分とは非常にちがう場合であっても、そうだ。すべての年齢や文化、身長や体型の人びとを研究することによって、最良の製品は人のあらゆる相違点に対応できるものだと私たちは学んできた。」

③ Out there（外に出て、実際にユーザーとなるような人を観察してみる）—「すぐれた企業やコンサルタントは、目端の利く観察者である。」

④ Sloppy（下手でも実物大モデルをつくってみる）—「短時間のプロトタイプ製作とは、答を得る

前に行動し、一か八かやってみるということだ。多少の失敗をしても、次にそれを正せばいい。」

⑤　Stupid（それで出来たと思うな。改善余地はいくらでもある）―何度でも挑戦してみればよいのだ。

トム・ケリーはデザインだけではなく、組織でのイノベーションを引き起こすには、「プロトタイプ製作、ブレーンストーミング、そして観察。これらはイノベーションの基本であり、言わば読み書き算盤である」と主張する。さらに、トムはブレーンストーミングについてつぎのような五段階、あるいは七段階に沿って行うことが有益であると説く。

(a)　Defer judgment（すぐに判断を下さない）―人の意見をすぐに批評して、マイナス面ばかりを挙げる人がいるものだ。とにかく、アイデアを出し続けること。

(b)　Build on ideas of others（他者のアイデアから発想する）―人の意見を否定するのではなく、その意見に基づいてプラス面のアイデアを足していけば生産的な結果が得られることのほうが多い。

(c)　One conversation at a time（一度に一つの会話に集中する）―脱線せず、集中的に意見を出し合うこと。

(d)　Stay focus on topic（そのトピックに集中する）―短時間のブレーンストーミングで成果を挙げるには、トピックを拡散するよりも絞って徹底的にアイデアを出すこと。

(e) Encourage wild ideas（荒削りでもいい面白いアイデアを奨励する）—議論が行き詰まれば、突拍子もないことを提案することが問題の打開につながること。

この五段階で特に重要であるのは、最初の点だ。先に述べたように、マイナス面ばかりを挙げれば、そこで発想は止まってしまう。すぐに人の意見に成否の判断を下さないこと。これがさまざまなアイデアを引き出すコツである。さて、トムのいう七段階はつぎのようなものだ。

(ア) 焦点を明確にする—「よいブレーンストーミングは、問題について焦点を絞ったテーマの提示から始まる。……はっきりした問題が提示されないブレーンストーミングは、明確な戦略をもたない企業のようなものである。」

(イ) 遊び心のあるルール—「出されたアイデアを批判したり論争をしかけたりしてはいけない。そんなことをしているとエネルギーがあっというまに枯渇してします。批判した者を完全に無視するのではなく、その批判を脇へそらすことが必要だ。」

(ウ) アイデアを数える—「経験から言って、一時間に一〇〇のアイデアがでるブレーンストーミングは、流動的で質の高い場合が多い。」

(エ) 力を蓄積し、ジャンプする—「『蓄積するタイミングと『ジャンプする』タイミングをうかがおう。……すぐれた進行役は、最初の段階では軽い調子で会話を進めさせ、カーブが急勾配を描くところでは流れるままにアイデアをださせる。進行役が実際に仕事をするのは、議論の流れの勢いが衰えてきたときだ。』……議論が先細りになってきたとき、『ジャンプ』に移行するためのよい言葉は、次のようなものだ。『オーケー。ではここでギアを変えてみよう』……。」

(オ) 場所は記憶を呼び覚ます──「ブレーンストーミングのすぐれた進行役は、場所によって記憶の力を理解している。アイデアの流れを何かに書きとめて、グループのメンバー全員に見えるようにしよう。……私達ははなはだローテクの道具で大きな成功をおさめてきた。壁に大きなポストイットを貼り、テーブルには昔から肉屋が使っている包装紙を広げ、油性マーカーを使う……。」

(カ) 精神の筋肉をストレッチする──「人は忙しい。時間は短い。……グループのウォーミングアップをして時間を『つぶす』ことは、はたして価値があるだろうか」。つぎの場合にはある。「グループのメンバーがこれまで一緒に仕事をしたことがない場合。グループのメンバーの多くが頻繁にブレーンストーミングをしていない場合」など。

(キ) 身体を使う──「すぐれたブレーンストーミングは非常に視覚的である。……スケッチや図表を使って自分の意見を人に理解してもらうためには、何も芸術家である必要はない。器用か不器用かにかかわらず、用意できた視覚的な道具を手にしてジャンプすることだ。……第三のアプローチは『ボディストーミング』である。現在の行動パターンと使い方のパターンを身振りで表現し、それがどのように変えられるかを見る。」

こうしてみると、わたしが学生たちと開発したブレーンストーミングのやり方は、ある意味でアイデオのやり方と共通する。

ただし、学生たちのブレーンストーミングでは、指導者が不足しているという障害がある。ブレーンストーミングにようやく慣れたころに学生たちは卒業する。新入生はいつも最初からスタートすることになる。その場合に重要であるのは、こうした五段階あるいは七段階のルールをできるだけ守らせることである。大体、五～六回もブレーンストーミングをやらせると、体得してくれる学生が多い。

また、注意しておくべきは教員が口をあまり挟まないことである。教員が口を出しすぎると、学生は失敗を通じて体感しようとはせず、教員からの指示だけを待つようになる。トムがブレーンストーミングを台無しにする「落とし穴」を六項目掲げているが、これは学生を指導する上でも全く同様である。わたしの教室での経験を加味して紹介しておく。

① 上司が最初に発言すること─会社では、これでは若手が自由にしゃべれない。教員が最初に発言ばかりすると、学生からはアイデアはまず出ない。

② 全員に必ずしゃべらせようとすること─強制は自由な発想を生み出さない。発想は自由・自発的でなければならない。

③ エキスパート崇拝をすること─教員があまりしゃべってはならない。知識量で教員が学生より優位であることは自明である。だが、だれが必要としている洞察力をもっているかはわからな

い。

④社外で行うこと―しかし、いちいち外でやってはたまらない。要は、自分たちのオフィスが発想にとって風通しがよいことが大事である。同じように毎回、風光明媚なセミナーハウスを借りることは不可能だ。いつもの教室でもアイデアが湧き出るような環境や雰囲気づくりが大事である。

⑤何でも否定すること―奇抜でばかげたアイデアが役に立つことがある。教員の「いまの若者は……」「昔はこうだったのに、いまでは……」という発言は慎む。

⑥なんでもメモすること―メモしていると、それに気を取られ本来の目的に集中できない。とくに、ブレーンストーミングの結果に、レポートやまとめの提出を求めてはならない。そうすれば、学生のなかからかならずメモ魔が出てくる。彼らにはあまりアイデアを期待できない。メモを取らなくとも、メンバーの脳裏に残るアイデアこそが重要なのである。

こうしたやり方や原則のほかにも、発想を豊かにする有効なブレーンストーミングの方法があるであろう。重要なことは試行錯誤をしながら、自分たちにあった方法をやさしい象徴的なことばで描きだし、確立させることである。

## 時空と共有

有効なブレーンストーミングは、学生から思いもかけない素晴らしいビジネスのアイデアを引き出すことがある。重要なのは、ダラダラと雑談をするのではなく、一定時間を決め、その結果を他のグループと競争させながら発表させていくことである。課題が教員の専門外であれば、外部の専門家を呼んで評価をしてもらえばよい。

ところで、コンペをやると、上位を占めるチームには特徴があることがわかる。それはチームのメンバー間のコミュニケーションの密度が高いことだ。コミュニケーション密度が高いことは、チーム内の情報の共有化、方向性に対する共鳴度が高いことを意味する。これは企業などでのプロジェクトチームでも学生の取り組みでも同じである。

しかしながら、現在の大学生をみていると、ゼミナールなどの時間以外に顔を合わせて議論を続けるような機会は少ない。この傾向は大学生の生活パターンが大きく変わってきたことに起因する。アルバイトや資格対策講座などの受講といった理由で、互いの生活時間がすれ違いとなっている。このため、わたしたちのブレーンストーミング・プログラムでは、時空、すなわち時間と空間が異なっても意見交換などができるシステムを入れている。象徴的な言い方をすれば、ＩＴブレーンストーミングである。

現在、パソコンや携帯電話が普及してＩＴ活用が一般化した。こうしたなかで、ホームページが組めるメンバーがいれば、ウェブサイト上でいろいろな情報を提供して情報の共有化が可能である。ホームページよりさらに簡単なのはブログである。だれでも簡単に作成でき、しかも携帯電話からもアクセス可能である。ブログ上に、デザインや図表をデジタルカメラで取り込み掲載することもできる。掲示板やチャットを設け、メンバー間で意見交換を同時並行的に行なうことも可能である。しかも操作は簡単である。

多忙な学生たちにとりブログなどのコミュニケーションツールは、時空を超えたブレーンストーミングの場となりうる。ただし、ひざを突き合わせたブレーンストーミングがもっとも有効で生産的であることは間違いない。この意味では、ブログ・ブレーンストーミング―わたしたちはこれをBBS（ブログ・ブレーンストーミング・システム）と呼んでいる―は、実際にひざを突き合わせたブレーンストーミング―わたしたちはこれをFFB（フェイス・トゥー・フェイス・ブレーンストーミング）―に先立って、論点を整理したり、取り上げるべきトピックの優先順位を決定したりする上で便利な道具と方法である。これにより教室でのブレーンストーミングがより密度の高いものとなる。

学生チームはブログを一般公開することもできれば、メンバー間だけに利用可能なように、パスワードがなければ閲覧できない非公開の意見交換の場とすることもできる。ただし、利用にあたっては、ブログ管理者というリーダーを決めて、議論をリードしないと、顔を合わせてアイデアや意見を出し合わない分、行き違いや苛立ちから感情的なトラブルが多くなる。この意味では、管理者が意見の整理などをブログ上でやっておく必要がある。

ブレーンストーミングに関してよく引用される文章がある。わたしの手元にある米国ワーナー・ビジネスブックシリーズの『ビジネス原理一〇一選』にも収録されているし、また米国の引用参考サイトを検索してもすぐに出てくる。それだけに、時代を超えた経験則としての真理があるのであろう。つぎのようなものだ。

「大概のブレーンストーミングの会合から出てくるアイデアは、普通はささいなもので、つまらなく、大して独創的でもない。そんなアイデアは滅多に役に立たない。だが、その過程こそが創造的でもない人たちに、自分たちが革新的な貢献を行い、そして他の人たちが自分たちに耳を傾けていると感じさせているようだ。」（A・ハーベイ・ブロック）。

ブレーンストーミングは、基本的には個人の頭のなかに眠っているアイデアを呼び覚まし、それにことばを与える作業である。こうしたアイデアは多数決で優秀さを決めるものではなく、あくまでも個人から派生するものだ。この意味では、ブレーンストーミングは化学反応の触媒みたいなものである。テーマやプロジェクトによって、ブレーンストーミングでアイデアを出す主役は変わる。

そして、アイデアが奇抜で革新的であればあるほど、組織というのはそれを排除まではしなくともそのマイナス面ばかりを持ち出し、棚上げにしがちである。しかし、ブレーンストーミングをやっていることで、参加メンバー間にはこれを受け入れる共通地盤が出来やすい。

ブレーンストーミングとは、アイデアを生み出すよりもそれを受け入れる組織文化をどのようにつくるかが重要なのだ。先のブロックの指摘はこの本質をうまく言い当てている。

## 第三節　実践的学習論

### 組織と決定論

先述の知識創造の過程は、肥沃化という多様性を認め合う雰囲気がなければ単なる方法論だけに矮小されてしまう。では、多様性という肥沃な土壌からどのようにして方向性を取り出すのか。そのためには「意思決定」が必要である。起業家精神あるいは企業家精神にもっとも求められるのは、この意思決定力である。

意思決定はしばしば、いやほとんどの場合において摩擦を伴う。逆にいえば、摩擦を伴わない意思決定こそが危ない。摩擦とは、意思決定が生み出す結果について予測できないことから生じるためだ。だれしもが結果を正確に予想できれば、意思決定などそもそも行う必要性など存在しない。結果を予想することができないゆえに、意思決定をしなければならぬ。意思決定とは不確実性の世界へ船を漕ぎ出すことだ。いかに嵐を避け、凪の日に腐らず、船を着実に目的地に導くのかを考えると、意思決定はむずかしい。

わたしの手元に『ユニチカ百年史』という紡績会社の社史がある。上下巻で一四〇〇頁近い大著である。ユニチカは明治二二［一八八九］年に設立された尼崎紡績と攝津紡績が後に合同され、わが国でも有数の紡績会社となった歴史をもつ。同社の一〇〇年以上に及ぶ社史は、同社経営陣の意思決定史でもある。同社の社史には「社運をかけた」意思決定という叙述が何カ所もある。

たとえば、明治中期、わが国紡績業界は太糸中心であり、中糸については外国製が中心であった。この時期に、「他社に先駆けて中糸という新分野への進出を決意したが、これは社運をかけての大きな政策の転換であった」と記されている。慎重派の社長などの反対を押し切ったのは、二四歳の取締役・福本元之助と三〇歳を超えたばかりの技師（工務支配人）・菊池恭三の決断であった。社史はこの決断をつぎのように紹介している。

「その頃の風潮として、技術者を一段格下にみる考え方が支配的であった。菊池の重役就任は、経営専門家による事業運営を実行したもので、経営の近代化という当時としては先進的、開明的な決断であったといえよう。当社が手がけた四二番手撚糸は当時としては画期的な大計画であった。……太糸紡績の多かった当時において、外国糸の独壇場であった中糸生産を他に先駆けた先見の明は、当社が業界に不動の地位を築く基礎を拓いた。」

菊池のようなすぐれた技術者は、黎明期の日本の紡績業界では希少であった。愛媛県八幡に生まれた菊池は大阪で英語を学び、造船技師を目指し工部大学校（後の東京帝国大学工学部）で機械工学を専攻した。卒業後、海軍省横須賀造船所や大阪造幣局の技師を勤め、やがて大学の同級生の強い勧めで紡績会社に移った。紡績に素人の菊池は入社に際し、紡績の本場英国への留学を条件とした。菊池はマンチェスターの夜間技術学校で紡績機械の構造を学び、昼間は紡績工場で実習の機会を得た。帰国に際しては、自ら紡績機械を買いつけた。こうして、菊池は紡績業の何たるかを頭と身体に叩き込んだ。

菊池は技術的に自分が主導しうると判断して、中糸生産という意思決定に慎重であった重役たちを説得した。だが、当初は品質的に英国製に太刀打ちできず、菊池は再び英米にわたり技術的隘路打開のヒントを求めた。結局のところ、菊池は二種類の原綿を混綿し従来のやり方とは異なる湿撚方式を独自開発して、難局を乗り切った。福本と菊池は、中糸という共通目標を設定し、現場の作業員や技術者、そしてトップマネジメントとの意思疎通を図り、工場関係者の貢献意欲を見事に引き出した。これが成功につながった。

このおよそ八年後、本社の建屋が完成した。社史の片隅に一枚の古ぼけた写真がある。真新しい煉瓦造りの立派な洋館を前に、社長となった福本元之助や取締役の菊池恭三の誇らしい顔、そして気力あふれる面構えの若い従業員等が整列した写真である。同社が一七〇〇名をこえる紡績会社へ成長した姿である。

この後も、同社の経営陣は他企業の買収、工場の増設や海外進出などで経営拡大をはかった。だが、昭和になり一九二九年のニューヨーク株式市場の大暴落に端を発した大恐慌の下で、同社は社運をかけた意思決定を再び迫られた。

当時、日本の紡績業界は品質的にも価格的にも世界一の水準に達していた。この競争力の源泉は日本の紡績企業の大量生産体制と混綿技術の高さにあった。日本の紡績企業は製品の種類を売れ筋の番手に絞り、特定品種に特化した工場の大量生産によって価格競争力を維持することを得意とした。とはいえ、収益は、製造コストの大きな割合を占める原綿の買付け価格によって変動していたのも事実であった。

大恐慌下で円・ドルレートが大きく不安定に変動し、また、デフレ経済が浸透するなかで、どのような価格で原綿を調達するのか。これを見誤ると経営が立ち行かなくなる。同社も経営方針を決めかねていた。時代の変化をうかがわせる不安定性がそこにあった。原綿の調達値段が同社の命運の鍵を握った。

この非常時に、病気静養中の、経験豊かな相場観をもつ役員が復帰した。彼は先行き円安と判断し、米国綿花を積極的に買い入れることを進言し、意思決定する。同社の社史はこれを「社運をかけた原綿購入」であったと記述する。

日本紡績史の紹介が目的ではない本書は、ここらあたりで実行的学習プログラムとしての意思決定論にもどる。

いうまでもなく、学生たちにもこうした意思決定に類似した経験をさせることが、個々の学生の能力を高める。しかし、学生チームにおいては、通常組織のように階層的序列制は取られない。学生同士の協同・協働のフラット型組織で、さまざまな見方や予想を調整して、一つの方向性を打ち出すことは容易ではない。学生たちにとって重要なのは「説得」である。菊池恭三―後に同社第四代目社長に就任―のような若手が反対を唱えた重役連中を説得したように、フラット型組織あるいは階層的組織の末端にいる若手にとっては、意思決定のための「説得」作業が非常な大きな意味をもつ。

説得のためには、きちんとした理屈が重要である。意思決定における理屈とは、予測が必ずしも容易ではない将来の「不確実性」を読むことである。経営学者バーナードは、相互の意思疎通の信頼性がきちんと構築され、成員が共通の目標をもったときにこそ、組織は有効なものとして作用することを強調した。それゆえ、不確実性のなかでも共通目標を設定することが意思決定の中核である。

先の事例では、日本の紡績企業の多くが、当時は太糸に特化し収益を確保していた。この情況下で外国企業の得意分野の中糸で勝負するなど、普通の人たちには考えもしなかったことであったろう。この目標は当時としては時期尚早あるいは非常識であったかもしれない。だが、中糸を製品ラインの中核に据え、先発した紡績メーカーに追いつくという戦略には菊池等のしっかりとした理屈付けがあった。

意思決定こそが指導力を育て、指導力こそが指導者を育てる。上意下達の一方的で命令的な意思決定をする者を、通常は指導者とはいわない。指導者のもつ指導力の本質については、バーナードのいう「共通目標」「成員間の意思疎通（＝コミュニケーション）」「成員の貢献意欲（＝やる気）」が重要である。組織とはこの三つの要素で支えられたときに大きな動きを示す。したがって、指導者とは共通目標を定め、これを成員間に浸透させるために説得・意思疎通をはかり、共通目標に向かって成員の積極的な取り組みを引き出せる人でなければならない。

プロジェクト・マネジメント演習で、学生が自ら指導力を発揮してチームを引っ張るような関係は最初から生まれるわけではない。ときには、自ら積極的に指導者の役割を引き受ける学生たちもいる。わたしの経験と観察では、そうした学生に限ってやたらと他の学生に命令だけを下し、最後にはチームのお荷物となる。不思議なもので、会社のように階層的組織ではない学生ばかりのフラット型組織でも、指導者は自然に生まれてくる。命令と服従という関係ではなく、意志疎通のうまい学生が、チーム全体の意思決定において大きな役割を果たす。

このことは、改めて組織における指導力とは何なのかということをわたしたちに考えさせてくれる。

### 組織と指導者

プロジェクト・マネジメント演習で重要なのは、時間を限ることである。時間が有限であるからこそ、チームは決断をしなければならない。

チームの決断はよき指導者を得て、実行可能な共通目標を掲げ、その下で行われる。だが、学生たちだけではなかなか結論を下せない。時間が迫る。そこで、学生たちはどうするか。そんな時、学生たちはまずは多数決で意思決定を行おうとする。この意思決定のやり方はムードに流されやすい。また、多数決が正しい意思決定であるとは限らない。

こうした一般講義とは異なるプロジェクト・マネジメント演習を通じて、学生たちは、「組織とは何か」あるいは「組織の中での指導力（リーダーシップ）とは何か」という点について、洞察力を身につける。六〜七人の学生たちから成るチームを四つほど編成して共通課題に取り組ませると、それぞれにいろいろな意思決定方法が試みられる。プロジェクト・マネジメントでは、課題達成度の評価だけでなく、意思決定過程についても時間を設け学生たちと検討し合うことが非常に重要である。わたしの経験では、学生たちのチームの意思決定のやり方は、つぎの四つの類型にほぼ分類しうる。

㈠　多数決型─多数決チームの意思決定というのは、その振幅が大きい傾向にある。人はその決定が正しいかどうかではなく、大勢の方に賛成しようとする。この大勢という方向性は状況対応的である。必然、その決定は朝令暮改的でもあり、そして意思決定されたことに対して誰も責任を感じない。こうしたチームは課題に対する成果でも高い評価が与えられることはそう多くない。

㈡　少数主導型─やる気のない成員（学生）をどのように動機付け、課題に取り組ませるか。教員が直接参加しないチーム別での取り組みの大きな問題はこれに尽きる。指導的役割を担う学生は、必ずといっていいほど、教員にこうした学生への注意を促すよう求める。しかし、これはチーム内で解決すべきことで、わたしは原則として介入しない。すると、この問題が解決されないままに、時間的制約のなかで少数者が意思決定を行わざるを得なくなる。こうしたチームもまた成果を上げることはむずかしい。

㈢　全員参加型―これは多数決型とは全く異なる。全員がよく調べ、よく意見を述べ、討論を重ねることで、自分たちが抱えている問題の在り処について共通認識が生まれる。このチームの特徴は意思疎通できる成員が複数いることである。彼らあるいは彼女らは聞くこと、あるいは聞き出すことが巧い。意思決定までに時間はかかるが、賛否について明確な構図を描いた上で意思決定を行っている。重要なのは意思決定が成員の間に多少の感情的摩擦を生んでも、意思決定過程でいろいろな問題が明らかになり、実行上の課題の認識も生まれることだ。そして、意思決定の内容が実行に移されると、意思決定までの時間の後れが取り戻される。このチームの成果は、大体において高評価を勝ち取ることが多い。

㈣　状況対応型―とにかく、自分たちで考えようとしないチームである。必然、他のチームなどの動向を気にするばかりで、チーム内を観察することは少ない。他のチームのやり方を模倣的に踏襲するかたちで、なんとなく意思決定を行うことが多い。当然ながら、成果も他のチーム以上に評価されることはない。

チーム内の意思疎通（＝コミュケーション）に十分な時間を割かないのは、一番目と四番目のやり方である。組織の指導者（リーダー）がチーム成員の成長を促すことで指導者自身もまた伸びるということであれば、意思疎通のないやり方とチームから指導者が育つはずはない。

他方、二番目のやり方では、課題への知識の多寡がしばしば仮の指導者を選出させる。しかし、指導者は知識の多寡で決まるものでもない。指導者には人格が必要である。

学生といえども、課題への真剣な取り組みには真剣な意思決定を必要とする。また、真剣な取り組みは意思決定をめぐり成員間に対立を生み出す。「真剣な意思決定」とは、より良き成果を生み出そうという全体意思のことであるからだ。だが、個別意志が容易には全体意思とはならない。時間的制約の中で意志決定をしなければならないが、真剣になるほど人は妥協できない。必然、だれかが個別意志を「統合」して全体意思に昇華させねばならない。この状況を打開しまとめきれる指導者というのは、知識もさることながら、よく理屈がわかり、さらに人の好き嫌いで判断せず、大局を説けるような人である。

むろん、こうした人が多いわけではない。知識だけの人ならたくさんいるだろう。理屈をわかる人たちもある程度いるであろう。だが、人の好き嫌いで判断しない人はそう多くはない。さらに大局を見つめ、あるいは見つめようとする人はもっと少ない。

この種の能力や識見などは、長い期間にわたるさまざまな経験を通じて取得されるものである。このような経験の取得は、若い学生たちの対応の範囲をはるかに超える。それでも、プロジェクト・マネジメント学習はそれなりに彼等にとって良い経験の場となっている。つまり、バーナード組織論の中核を為す「目的」「意欲」「伝達」を講義やその著作から理解しても、実践行為としてこれらのことがいかにむずかしいか。このことを学生たちに経験させるところに実践的学習としての指導者論がある。

プロジェクト・マネジメント演習では、こうした意志決定論や指導者論を学生自らの体験から語らせ、さらに、異なった課題を与え、再度、チーム学習に挑戦させる。こうしたなかで、学生たちは大きく成長する。

## モデルと応用

本章では、わたしの限られた経験と、フィンランドのパルタネン等の長期間にわたる取り組みによって「モデル」にまで高められた起業教育実践論を紹介した。問題は、こうしたモデルの実践と応用の可能性である。

学生レベルでの取り組みが、実社会での社会人レベルでの取り組みと違って当然である。プロジェクト・マネジメント演習がより実践性の高いモデルであったとしても、それは疑似体験のレベルにとどまる。この点について、パルタネン等はより経営実践的なモデルを目指してきた。すこし紹介しておこう。パルタネン等は「チームは企業である」とつぎのように述べる。

「チーム・アカデミーの当初のチームは仲間内のようであった。一九九六年からは、協同組合となった。この形態が選ばれたのは、最初に多くの資本を要しないし、また、一会員一投票権という原則に基づくものであったからだ。現在では、チームのなかには事業協同組合、あるいは実際の企業を設立するところもある。将来は、企業という形態が最適となるだろう。」

チーム・アカデミーのそれぞれの学生チームを事業協同組合あるいは企業として設立させる意義については、つぎのように整理されている。

(一) プロジェクトに最適な組織形態―学生は、チームと顧客との間に契約を締結することにより、プロジェクトに真剣に取り組むことができる。チームは成員のほかに、必要に応じて外部資源の活用も可能であり、これに伴う費用については契約先に要求できる。とはいえ、こうした取り組みにはリスクがともなう。

(二) 学校から独立した活動ゆえの体験の真剣さ―チームの取り組みは学校からは独立したものとされ、チームは個別にリスクを負担する。とはいえ、チーム・アカデミーの教員（コーチ）は学生たちのリスク低減に助言する。

(三) ハンドオン型起業教育―事業協同組合として、企業と契約などを結び実際に活動することで、自分たちのアイデアをどのように商品化し、市場を見つけ、コスト計算をやり、納期に間に合わせ、集金し、会計を行うかを学べる。

㈠については、プロジェクトについての真剣さが違ってくるようになる。㈡については、次のようにいう。「失敗は往々にして見込み違いや以前の経験から誤って導かれた結論から派生する。だが、こうした間違いは叱責されるべきものではなく、この間違いこそが学ぶ源なのだ。ソニー創始者の盛田昭夫は、学ぶことの九九パーセントは失敗に基づくものだといっているではないか。チーム・アカデミーでは、ほとんどの『教育的』間違いこそが、新入生が同じ間違いを避けることを促す逸話となるのだ」。㈢については、「起業家となる敷居が低くなるだけではなく、起業家となる現実とは厳しく、リスクをともなうものとして学生たちに分かりやすくなる」という長所があるとされる。

学生たちが事業協同組合というかたちでチームを結成し、自分たちのアイデアに興味を示してくれる企業や関係団体などを見つけ、契約を交わし、そこから収益を上げるには、学校側の支援体制が必要である。そうでなければ、こうした取り組みは画餅となる。パルタネン等のプログラム運営をもうすこし見ておこう。

①　基礎教育と応用教育―チーム・アカデミーの実践的プログラムでの学生たちの取り組みは、週一回通年四単位というゼミナールでは対応できない時間とエネルギーを学生に要求することになる。会計や諸管理論など徹底した基礎教育を終えた学生たちだけに応用教育としてこうした

プログラムを選択させ、修了者には座学としての講義以上の受講単位数が与えられなければならない。

②　コーチングスタッフとしての教員構成―理論と実践の双方に強い教員による指導がもっとも重要である。学生たちの求めに応じ講師陣はセミナー―肥沃化セッションと呼ばれている―などを開催して、実務家講師の持つ経験や知識の移転を行う。教員は学生たちの自立性、自主性を尊重しつつも、強い指導力を発揮している。セミナーの頻度は最初の一八カ月間で一週間に四時間のセミナーを二回開催し、その後は毎週一回となっているようである。このほかにも、それぞれのチームが八時間の徹夜のセミナーを数回開催している。開催場所はいずれも学校外である。

③　プロジェクト―プロジェクトの約六五パーセントは顧客からの要請である。その典型的なものは見本市やイベントなどのマーケティングに関するものである。あとの三五パーセントはチーム・アカデミー側から提案したものである。

①の基礎教育とは、日本の大学の経営学部で科目配当されている会計・財務論やマーケティング論などである。ただし、チーム・アカデミーの起業教育を特徴づけているのは、あくまでもその応用教育プログラムである。それゆえ、特に重要なのは②と③である。この起業教育の内容については、つぎのように解釈されている。

「起業家精神はチーム・アカデミー文化の重要な要素である。学生はプロジェクトを実施しているうちに、しばしば事業を開始するようになる製品やサービスを思いつく。プロジェクトはまた事業リスクが何であるかを学生に教える。顧客からの課題はリスクを生み出すかもしれない。……チーム・アカデミーはまた課題の仕上げ段階で、あるいは卒業後に起業する学生たちを手伝うことになる。……起業活動はこの学習を通じて促され、そして支援される。」

他方、プロジェクトに果たすコーチ（＝教員）の役割に関してはつぎのように位置づけられる。

「コーチは実際のプロジェクトには参加しない。参加すれば、コーチがそのプロジェクトの全責任を負いうまくやり遂げてしまうだろう。これはチームメンバーの関与と動機付けの水準を引き下げてしまう。コーチの役割は、必要な時と場所に応じて助言を与え、彼らがプロジェクトを誤った方向に誘導させないように手助けすることだ。大事なのは学ぶ者が助けを求めることを促し、それを良しとする文化をつくり出しておくことなのだ。コーチはその専門知識と技量によって、創造的行動力を促す上で安心できる環境をつくる。コーチはまた学ぶ者の問題解決能力をテストするために些細な危機をつくり出すこともできる。」

チーム・アカデミーの実績である。一九九三年の試行以来、二〇〇〇年までに卒業生が約一五〇人、プロジェクト数は一〇〇〇以上、協力先は数百企業であるとされる。現在は、毎年、四〇人ほどがこのプログラムに参加し、卒業生の中には実際に起業家となった若者も出てきている。

チーム・アカデミー教育プログラムは、一九九九年以降、フィンランドの他の高等専門学校のビジネススクールにも導入されてきた。二〇〇〇年春には、フィンランド教育省からも表彰を受けた。また、チーム・アカデミーは卒業生を対象に、ビジネスインキュベーション施設を教室の階上に設けている。先に述べたようにわたし自身もこのインキュベーション施設を見学したことがある。合板工場の内部がそのままうまく保存され、各コーナーに若者たちが立ち上げた企業の小ぢんまりしたオフィスが並ぶ。

一階がより実践的な経営学を学ぶスペースであり、その階上が卒業生たちが実際に立ち上げた事業を孵化するインキュベーション施設という配置を、わたし自身は見たことがない。日本や米国の大学のキャンパス内にも、インキュベーション施設が設けられている。ただ、卒業生が直ちにそこで起業するようなケースはまだそう多くないだろう。フィンランドでも工科大学では、近くのサイエンスパークにインキュベーション施設があるし、実験室（ラボラトリー）が実質上のインキュベーションとなっている例もあるが、経営学部に付設したかたちでインキュベーション施設があるのは珍しい。学生たちにとっては、可視的で刺激的なビジネス教育空間がそこにある。

わたしは医学部に医学部付属病院、薬学部に付属薬草園、農学部に付属農園、工学部に実験場があるように、経営学部に付属企業があってもよいと思っている。経営学の実践的な性格を考えると、チーム・アカデミーのやり方を日本でそのまま踏襲できなくても、そのエッセンスを日本的なやり方で応用できる可能性は高い。

ところで、わたし自身の実践でもっとも参考になったのは、パルタネン等のいう、コーチングとしての教員の関与である。たった一人の教員が、こうしたプロジェクトのすべてを指導できるはずはない。この意味では、日本の大学における経営学教育ももっと積極的に外部資源を活用すべき時期に来ている。

ただし、これは大学で教えるべき基礎教育がきちんとあった上でのはなしである。その際、基礎教育には、地域貢献や企業倫理、法令遵守の精神の徹底なども含まれてしかるべきである。応用教育としての実学教育が、単なる金儲けの具となってはいけない。

# 終章　知識社会と学び

ビジネスに一見およそ無関係そうにみえる人物を登場させて、本書の終章としたい。

ウ・タント（一九〇九〜一九七四）は、アジア人として始めて国連事務総長を務めた人物である。ウ・タントを紹介したことにはそれなりの理由がある。

ウ・タントは一九六〇年代、国連第三代事務総長として深刻化するベトナム戦争や核軍縮など困難な問題に忍耐強く取り組んだビルマ（ミャンマー）人であった。この人物は、国連事務総長の職責がわたしたちにイメージさせる「国際派」というような枠組みとはきわめて異なる準備期間を過ごした。それゆえ、タントは、わたしたちに「学ぶとは何か」、さらには「生涯教育とは何か」という点で大きなヒントを与え続けてくれる。

ウ・タントの生涯をすこし紹介する。タントは英国支配下のビルマの、裕福な農家の長男として生を受けた。いまでいえば、小学生から中学生にかけての多感な時期に学校で英語の手ほどきを受け、読書に熱中した。読書こそが彼の英語力を鍛えた。一七歳の春、彼は設立間もないラングーン（ヤンゴン）大学に進学した。二年余りで退学。故郷に帰り高校教師となる。これが彼の独学人生のはじまりであった。

元米国国連大使夫人でタントを個人的にもよく知るジューン・ビンガムが『ウ・タント伝―平和を求めて―』で、「ウ・タントは人生の最初の三〇年をほとんど読書にあてた」と述べているように、彼は故郷の高校教師を続けながら、読書を中心とした独学を通じ世界の動きについて関心を持続させた。彼の読書好きは有名で、第二次大戦後のビルマ独立の翌年に、国内の内乱から自宅が消失した知らせをラングーンで聞いたときも、自宅が焼けたことよりも、蔵書が焼けたことに落胆したことはよく知られるエピソードだ。

彼の人生において最初の三〇年が読書に費やされたとするなら、後半の三〇年はその知識を現実問題の解決に費やしたといってよい。そして、ウ・タントを高校の教壇と静かな読書生活からビルマ政治の中心、そして国連という場に引っ張り出したのは、ラングーン大学時代の同窓生で後に首相となるウ・ヌーであった。

二歳ほど年上のウ・ヌーとタントは遠縁にあたる。大学の講義では席を並べた。ヌーはラングーン大学の学生指導者のうちの有力な一人であり、英国人やインド人だけによる大学運営には批判的であった。当時、二人は英国のビルマ支配や独立運動のあり方などを論議しただろう。その後、ウ・ヌーの方は大学からの英国留学の申し出を断り、大学を退学―後に復学―し、ジャーナリストを目指した。

ヌーは、日本統治下の一九四四年夏に、真の独立を目指す抵抗組織を軍人のアウンサン等―スーチー女史の父親―と組織した。ビルマ独立後、アウンサンは会議中に暗殺されたが、ヌーは不在で、幸いにも難を逃れた。

タントは、ヌーの下で独立間もない新政府のいろいろな役職に就き、やがて国連大使となることで世界へと押し出されていった。当時の植民地官僚と異なり、ウ・タント自身は一九五一年にウ・ヌーに同行して近隣諸国や英国に出かけるまでビルマを離れたことはなかった。しかし、この一〇年後に、飛行機事故で亡くなったハマーショルドの後を受けて事務総長代理そして事務総長となった。以降、彼は世界を駆け巡った。

ウ・タントの波乱に満ちた人生については、さらにふれたい衝動に駆られる。だが、ここでウ・タントを紹介したのは、生涯教育の大切さを強調したいがためであった。決して恵まれたとはいえない環境で、生涯をかけて学び続けたことがウ・タントという人物をつくったのである。学習とは若い頃の一時期のものではない。このことはわたしにつぎの話を思い起こさせる。

それは、ロンドン大学（ＬＳＥ）教授を長く勤めた経済学者・森嶋道夫（一九二〇～二〇〇四）の旧制高校時代の思い出話であり、彼の自叙伝的著作にあるはなしだ。わたしの記憶が正しければつぎのようなものだった。

社会学や経済学の分野で人口変動を大きな動因とみて業績を残した高田保馬（一八八三～一九七八）

に、将来の進路を聞かれた森嶋は「旧制高校の教授になりたい」と答えた。それに対して、高田教授は「そうですか。勉強を続けなさい。きっと日本一の先生になれます」と励まし、さらに、「森嶋君、日本一といったのは、なにも君が人よりすぐれているからではない。みんな学校を出ると勉強をやめていくからだ。わたしの歳まで勉強を続けなさい。そうすればきっと日本一になれる」といった。森嶋が旧制高校生のころといえば、高田教授は五〇歳を超えていたであろう。

ウ・タントは四〇歳半ばまで―もちろん、その後国連事務総長としても―読書を中心に自らの考えを深め、高田教授は森嶋青年に向かって五〇歳を超えても学び続けることを説いた。

いまは、知識化社会あるいは知識主導社会といわれ、知識の重要性とその経済活動への貢献が論じられる。そこでは教育の生産性向上への寄与が論じられ、教育とイノベーションとの関連性についてもふれられる。この論議に共通するのは、若い頃の一時期の学校教育だけではなく、技術や社会の変化、そしてグローバル化による激しい経済環境変化についていくには、生涯を通じて学ぶ必要がある。さらに、高齢化社会ともいわれるように、平均年齢が延びたことで、生涯教育の重要性が認識されるようになった。

もっとも、日本には隠居という文化と人の営みの歴史があった。千葉に生まれた伊能忠敬（一七四五～一八一八）は家業を四〇歳代半ばで息子に譲り隠居した。その後、五〇歳を過ぎて江戸に出て、幕府天文方高橋至時の門に入り、天文学、数学、天文観測学、暦学などを学び、五五歳から一七年をかけて日本各地に測量に出かけ日本地図をほぼ完成させた。

兵庫に生まれた山片蟠桃（一七四八〜一八二一）は、大阪の商家の養子となり、その家業の傍ら、今で言えば町人たちの夜間学校のような懐徳堂で儒学を学び、やはり家督を譲り隠居してから、本格的に天文学、地理学、経済学などを深く学び、一二巻にわたる著作集を残した。

山片のような裕福な商人、あるいは伊能のような地方の醸造家をみれば、生涯教育の文化が江戸期にあったことになる。むろん、彼らに限らず、いわゆる庶民においても、隠居後の習い事が江戸や大坂で個人の趣味として普及し、これが当時の都市文化を支えていた。それは、江戸期文化の成熟性の側面でもあった。

いまはどうであろうか。知識社会ということば自体は、かつてほどは使われないが、「知識集約化」という政策用語は、一九七〇年前後には経済産業省（当時の通商産業省）の研究会や審議会あたりで使われていた。中小企業政策審議会は、一九七〇年代前半に発表した「七〇年代の中小企業のあり方と中小企業政策の方向」（意見具申）で知識集約型産業の概念をすでに提示した。

四種類の「知識集約的」産業が具体的に示された。すなわち、①研究開発集約産業、②高度組立産業、③ファッション型産業、④情報産業である。こうした産業に共通する特性として、知識集約化という概念が与えられ、それは従来の価格や品質という競争力ではなく、感性や知恵などの蓄積としてとらえられた。

いまでは、知識集約化は、こうした産業分野での孤高の先端的な取り組みという範囲を超えて、社会を構成するあらゆる成員にまで拡大されてきた。つまり、知識集約化から知識化社会―あるいは知識基盤社会（Knowledge-based Society）―への移行というわけである。このことばと流れは日本のみならず、欧州連合諸国、アジア諸国、米国でも数々の政府関係などの報告書に定着した感がある。この種の報告書で知識社会を説明するために頻繁に使用される鍵用語は、「グローバル化」「競争力」「維持と強化」「変化と変動」「生き残り」「知的生産性」「研究開発」「高等教育」「産官学連携」などである。

本書で紹介することの多かったフィンランドでも、政府、大学や研究機関などが「知識基盤社会」に関し多くの報告書を発表してきた。翻訳家の目莞ゆみは『フィンランドという生き方』で、この背景をうまく伝えてくれている。紹介しておこう。

「世界トップレベルの教育と高福祉社会を支えるためにフィンランドは個人の所得税も法人税も高く、高収入ほど税率も上がる。物価も高いことで知られる。消費税は高いが、エコ製品など税率が低いものや課税されないものもある。どういう国にしたいかという概念が明瞭に反映されているのである。……教育レベルが高いと労働効率が上がるという前提で、フィンランドが国家的規模で労働教育をしていると仮定しよう。高い税率に耐えるために技術開発と高い生産性が要求される。生産性を上げるにはよい労働力が必要だ、そのために教育が重要となる。ひとむかし前の日本企業は社員教育をよくした。リストラや転職が多くなると、金をかけて社員教育をしても自社の得にならない。日本では労働教育を期待されているのが今や大学だが、フィンランドは国家的規模でやっている。教育は小学校から大学まで無料で、初等中等学校から、長い将来の職業人生のために生徒に心と技の準備をさせることが教育目標になっている。よい教育は、よい労働力を生み、生産性を上げ、高い税率により国の税収が増える。それで高福祉と教育無料を保障し、良好な社会体系の循環ができあがる。」

管見では、フィンランドの公的報告書では、これほど明確に教育と労働生産性の関係についてふれたものを目にしてない。こうした連関性は自明の理ということでふれられていないのかもしれない。わたしはこの目莞の指摘に同感を覚える。

生涯学び続けるとは、思えば大変な時代だ。生涯学習といった場合、学校のような義務的学習が企業での義務的学びに継承され、企業を退職してからも隠居後の自発的な習い事ではなく、社会全体の労働生産性を上げるために義務的勉学が必要であるなら、それは人びとに大きな精神的負担を与えるものであってはならない。なぜなら、創造性は強制と両立せず、むしろ、自由と共鳴しやすいからだ。つまり、「生涯学び続けなければならない」ではなくて、「生涯学びたい」ということが重要ではないだろうか。

明治から大正・昭和という時代においてひたすら工業化を押し進めた日本社会では、働くとは工場で立ち動くことを意味した。そこでは、機械、そして工業原材料にわたしたちの肉体を通じて働きかけることが作業の中核であり、「働く」と「働かない」は、工場の内と外とで「オン・オフ」がはっきりしていた。それが、いまの知識集約化や知識創造という方向は、ともすれば、「オン・オフ」の関係が無制限にわたしたちの生活圏にまで入り込んできてはいないだろうか。たとえば、研究開発という「働き」でみれば、それは会社を出ても「オン」の状態が続くのではないだろうか。

大きな業績を上げた科学者たちは、大学研究室に物理的にいる間だけ思考し、大学を後にすれば思考を一時棚上げにして日常の家庭生活に戻る、ということはない。ノーベル賞学者などは、ひたすら考え続け、就寝中や食事中にアイデアを思いつき、それを理論にまで発展させた逸話には事欠かない。この意味では、経済活動、より狭義には企業活動での知識化や知識創造は、従来の肉体的負担とは異なる長時間の精神的負担をわたしたちに押し付けているかもしれない。

にもかかわらず、人がそうした企業活動に創造的喜びと内発的な創造力を感じることができるとすれば、それは、より大きな社会的価値がそこに見出されるからである。しかし、未来社会を知識社会あるいは知識基盤社会という概念で語るとき、企業の社会的役割を等閑に付して、もっぱらそれを市場価値あるいは経済的価値だけに求めるならば、どれほどの人びとが真の意味で内発的かつ自立的な創造力をもてるだろうか。

還元すれば、人が学び続けることでより自由な創造性が生み出されるとする知識社会論の前提には、暗黙裡に、知識社会（＝「会社」）で過ごす時間と「社会」で過ごす時間の連動性が想定されている。そのためには、会社論理（＝市場的価値）と社会論理（＝社会的価値）の対立と相克ではなく、その調和が必要だ。知識社会を担うのが開発技術者や研究者など一部の社会層ではなく、広範囲な人びとを前提とした社会全体層であるとすれば、知識社会論は知識会社論ではなく、まさに社会全体のあり方を視野に入れた知識社会論でなければならない。真の知識社会とは、会社論理の義務的な学びの延長線上にあるものではない。それは学校や企業などの枠を超えた、より広範囲な社会性をもった学びの時空でなければならない。そうでなければ、個々人から潜在的創造力などを引き出すことは容易ではない。

そして、個々人が潜在的にもつ自立性と自律性の発露の一つが起業行為である。自立性と自律性が独立的な意思決定だとすれば、人はすべて自らの人生の最高経営責任者である。起業家が事業家や企業家となるには、いろいろな段階において意思決定を迫られる。この意思決定が個々人の利益追求のみに沿ったものであれば、その事業の持続性は必ずしも保証されないだろう。人は社会的な存在である。起業と事業もまた社会的存在である。

会社論理（＝市場的価値）と社会論理（＝社会的価値）の対立ではなく調和がこれからの知識社会での豊かな起業文化と企業文化を形成する。従来においても、それぞれの国にはそれぞれの企業文化が形成されてきた。日本を振り返って、わたしたちの企業文化が大（＝大企業）尊小（＝中小零細企業）

卑的だとすれば、それは果たして豊穣なものだろうか。

いまでこそ世界的企業となった日本のほとんどの大企業にも創業者という起業家がいた。彼等こそ自ら意思決定し、自己の技術やアイデアなどを起業というかたちで実現してきた挑戦者たちであった。彼等はビジネスという実学を通して、ウ・タント等と同様に実に生涯にわたってよく学んだ。

大学でのこれからのビジネスプログラムは、生涯を通じて社会論理と会社論理の調和をより積極的にとらえようとする人材を養成するものでなければならない。それが既存組織や集団で困難であれば、自ら起業することも人生の一つの選択である。こうしたこと見据えた起業教育プログラムについても大学は積極的に取り組むべきであろう。

こうした人材の堆積が、より豊かな起業文化あるいは企業文化を日本社会に定着させていくにちがいない。

# あとがき

人生にはつねに転機がある。転機は、ある日突然やってこない。転機とは、その人が日頃何を考え問題視しているかによって半分以上は決まる。あとの半分は、自分が常日頃考えていることが外部とぶつかった時の火花のようなものだ、とわたしは信じている。

経営史のなかで個別企業家の足跡を追っているうちに、このことにわたし自身が気づいた。人はだれでも着想を得る。だが、多くの人はそこで終わる。なぜなら、常日頃考え続けないからだ。わたしはこの考え続ける力を「頭の強さ」と表現したい。それは「頭の良さ」という表現と区別して、人の着想の継続性を特徴づけたいからだ。

「頭の良さ」も重要である。事の論理性を読むことができるという意味と範囲において、頭が良いことは素晴らしいことだ。しかし、往々にして「頭の良い」人たちは先を読みすぎる。早く決着をつけすぎる。だが、イノベータといわれる企業家の歩みを探ってみると、そこには、「頭の良さ」だけでは割り切れないものがある。ある種の愚鈍さがそこにあるのではないかと思うようになった。

たとえば、国産自動車の基礎をつくった豊田喜一郎が若い社員たちに口癖のようにいっていたことばがある。エンジン部品の製造がうまく行かず、悪戦苦闘の毎日であったときのことばであった。

「まずできるかできないかを言わずにやってみろ。」

第二次大戦後の混乱期に、わが国電子産業の基礎をつくったソニーの創業者の一人であった井深大もまた、当時を振り返りつぎのようなことばを残した。

「わたしたちは、失敗を繰り返しながら、世界的に評価されたテープレコーダやトランジスタラジオをつくりだしたのだ。」

井深大と親友の本田宗一郎もまた、つぎのようなことばを吐いている。

「人は次々にアイデアが飛び出すように思っている。だが、そんなことはないのだ。人並み外れた好奇心と、努力と、反省のライフサイクルをフル回転させて、へとへとになりながらもアイデアを見つけ出しているのが現状なのだ。」

そこにあるのは間違いもなく「頭の強さ」であり、自分の着想へのこだわりだ。失敗しながら、へとへとになっても、なお考え続けることのできる思考能力を、彼らは持ちあわせている。失敗に耐えることのできる継続的思考能力こそが「頭の強さ」である。彼らはつねに考え続けたがゆえに、その結果として、いろいろな着想を得た。

井深以外にもトランジスターに出会った技術者は世界中に多かった。だが、井深だけがトランジスターにラジオへの無限の応用性を見た。本田は、海外視察の工場で拾ったねじの形状にエンジン開発のヒントを得た。悪戦苦闘の毎日を知らない人には結果しか見えてこない。それは偶然とうつるだけだ。しかし、当人たちには常日頃考えていることの延長以外のなにものでもなかったはずだ。そこには継続性があるのだ。

残念ながら、大学での起業教育やビジネス教育は、それぞれの学生が常日頃考えていることに呼応したプログラムなどを提供するところまでは、なかなかできないだろう。だからこそ、「なかなかできない」と意識して、「頭の良さ」だけではなく「頭の強さ」の必要性を盛り込んだ教育プログラムの作成を学生たちと模索することに大きな意義がある。この模索過程こそが教育プログラムの一環なのである。

小著を完成させるまでには多くの学生、自ら起業経験をもつ初代経営者、二代目あるいは三代目の経営者などに協力してもらい、いろいろな実験的教育プログラムを企画・実践させてもらった。とりわけ、わたしのゼミナールの学生たちには試行錯誤の時間を共有してもらった。

小著は日本で書き始め、半分以上をフィンランドで脱稿した。フィンランドではユバスキュラ大学、ユバスキュラ高等専門学校の取り組みも参考になった。わたしがいたツルク商科大学中小企業研究所の同僚諸氏にもいろいろとお世話になった。そして、チームアカデミーを率いるパルタネン氏と学生諸君にもお世話になった。感謝申し上げたい。また、信山社の渡辺左近氏にもお世話になった。感謝申し上げたい。

二〇〇六年九月

フィンランド・ツルク市にて

寺岡　寛

# 参考文献

## 日本語文献

### 【あ】


天野郁夫『大学―試練の時代―』東京大学出版会、一九八八年

安藤良雄編『近代日本経済史要覧（第二版）』一九七九年

岩崎育夫編『アジアの企業家』東洋経済新報社、二〇〇三年

ウェーバー、マックス（梶山力・大塚久雄訳）『プロテスタンティズムの倫理と資本主義の精神』（『世界の名著』五〇巻所収）中央公論社、一九七五年

ヴェブレン、ソースティン（高哲男訳）『有閑階級の理論―制度の進化に関する経済学的研究―』筑摩書房、一九九八年

内橋克人『共生の大地―新しい経済がはじまる―』岩波書店、一九九五年

ウッデン、ジョン・ジェイミソン、スティーブ（弓場隆訳）『まじめに生きるのを恥じることはない』ディスカヴァー・トゥエンティワン、二〇〇〇年

海原徹『松下村塾の人びと―近世私塾の人間形成―』ミネルヴァ書房、一九九三年

同『日本史小百科・学校（新版）』東京堂出版、一九九六年

ＯＥＣＤ編（春名章二訳）『経済成長論―ＯＥＣＤ諸国における要因分析―』中央経済社、二〇〇五年
小澤徳太郎『スウェーデンに学ぶ「持続可能な社会」―安心と安全の国づくりとは何か』朝日新聞社、二〇〇六年

【か】

勝田守一・中内敏夫『日本の学校』岩波書店、一九六四年
金井一頼・角田隆太郎編『ベンチャー企業経営論』有斐閣、二〇〇二年
川口浩編『大学の社会経済史―日本におけるビジネス・エリートの養成―』創文社、二〇〇〇年
苅谷剛彦『大衆教育社会のゆくえ―学歴主義と平等神話の戦後史―』中央公論新社、一九九五年
関西ベンチャー学会編『ベンチャー・ハンドブック―ビジョン・パッション・ミッション―』ミネルヴァ書房、二〇〇五年
菊池城司編『教育と社会移動』（『現代日本の階層構造』第三巻）東京大学出版会、一九九〇年
菊池敏夫・平田光弘編著『企業統治（コーポレート・ガバナンス）の国際比較』文眞堂、二〇〇〇年
清川雪彦『日本の経済発展と技術普及』東洋経済新報社、一九九五年
コーンハウザー、Ａ・Ｗ（山口栄一訳）『大学で勉強する方法』玉川大学出版会、一九九五年

【さ】

(財)商工総合研究所編『日本の中小企業』（各年度版）商工総合研究所
斎藤貴男『起業家に会いにゆく』日本実業出版社、二〇〇二年

佐々木聡編『日本の戦後企業家史―反骨の系譜―』有斐閣、二〇〇一年
柴野昌山・麻生誠・池田秀男編『教育』(『リーディングス・日本の社会学』第一六巻) 東京大学出版会、一九八六年
センゲ、ピーター (守部信之訳)『最強組織の法則―新時代のチームワークとは何か―』徳間書店、一九九五年
同 (柴田昌治他訳)『フィールドブック 学習する組織「一〇の変革課題」―なぜ全社改革は失敗するのか?―』日本経済新聞社、二〇〇四年

【た】

高取正男『日本的思考の原型―民俗学の視点―』講談社、一九七五年
竹内常善・阿部武司・沢井実編『近代日本における企業家の諸系譜』大阪大学出版会、一九九六年
土井教之・西田稔『ベンチャービジネスと起業家教育』御茶の水書房、二〇〇二年
土井隆義『〈非行少年〉の消滅―個性神話と少年犯罪―』信山社、二〇〇三年
豊田俊雄編著『わが国産業化と実業教育』東京大学出版会、一九八四年

【な】

中根千枝『タテ社会の人間関係―単一社会の理論―』講談社、一九六七年
中村圭介『日本の職場と生産システム』東京大学出版会、一九九六年
中山茂『帝国大学の誕生―国際比較の中での東大―』中央公論新社、一九七八年
西澤昭夫・福島路編著『大学発ベンチャー企業とクラスター戦略』学文社、二〇〇五年

野中郁次郎・竹内弘高（梅本勝博訳）『知識創造企業』東洋経済新報社、一九九六年
野中郁次郎・紺野登『知識経営のすすめ—ナレッジ・マネジメントのその時代—』筑摩書房、一九九九年

【は】

樋口美雄、ジゲール、S、労働政策研究・研修機構編『地域の雇用戦略—七カ国の経験に学ぶ〝地方の取り組み〟—』日本経済新聞社、二〇〇五年
ビンガム、ジェーン（鹿島平和研究所訳）『ウ・タント伝—平和を求めて—』鹿島研究所出版会、一九七八年
福原義春『会社人間、社会に生きる』中央公論新社、二〇〇一年
藤田英典『子ども・学校・社会—「豊かさ」のアイロニーのなかで—』東京大学出版会、一九九一年
プラトン（藤沢令夫訳）『国家』（上・下）、岩波書店、一九七九年
ベネディクト、ルース（長谷川松治訳）『菊と刀—日本文化の型—』講談社、二〇〇五年
ボッグ、テレック（宮田由紀夫訳）『商業化する大学』玉川大学出版部、二〇〇四年
本田由紀・内藤朝雄・後藤和智『「ニート」って言うな！』光文社、二〇〇六年

【ま】

松永宣明『経済開発と企業発展』勁草書房、一九九六年
水野朝夫『日本の失業行動』中央大学出版会、一九九二年
三井逸友編著『地域インキュベーションと産業集積・企業間連携—起業家育成と地域イノベーションシステムの国際比

較―』御茶の水書房、二〇〇五年
三戸公『「家」としての日本社会』有斐閣、一九九四年
同『現代の学としての経営学』文眞堂、一九九七年
宮本常一『民俗学の旅』講談社、一九九三年
三好信浩『明治のエンジニア教育―日本とイギリスのちがい―』中央公論新社、一九八三年
目莞ゆみ・フィンランド・プロジェクト『フィンランドという生き方』フィルムアート、二〇〇五年

【や】
ユニチカ社史編集委員会編『ユニチカ百年史』（上・下）ユニチカ株式会社、一九九一年
吉田新一郎『「学び」で組織は成長する』光文社、二〇〇六年

## 外国語文献

Csikszentmihlyi, Mihaly, *Creativity: Flow and the Psychology of Discovery and Invention*, Haper Perennial, 1996
Drucker, Peter, F, *The Essential Drucker: The Best of Sixty Years of Peter Drucker's Essential Writings on Management*, Harper Business, 2001
Florida, Richard, *The Rise of the Creative Class*, Basic Books, 2002
Jamison, Steve, *Wooden: A Lifetime of Observations and Reflections On and Off the Court*, MaGraw-Hill, 1997

Leinonen, Niina, Partanen, Johaness, Palviainen, Petri, *The Team Academy;A True Story of A Community That Learns by Doing*, PK-Kustannus, 2004

Schwarz, Barry, *The Paradox of Choice: Why More is Less*, Perenial, 2005

Wademan, Daisy, *Remember Who You Are: Life Stories That Inspire the Heart and Mind*, HBS Press, 2004

寺岡　寛（てらおか・ひろし）

1951年　神戸市生まれ

中京大学経営学部教授，経済学博士

〔主　著〕

『アメリカの中小企業政策』信山社，1990年

『アメリカ中小企業論』信山社，1994年，増補版，1997年

『中小企業論』（共著）八千代出版，1996年

『日本の中小企業政策』有斐閣，1997年

『日本型中小企業—試練と再定義の時代—』信山社，1998年

『日本経済の歩みとかたち—成熟と変革への構図—』信山社，1999年

『中小企業政策の日本的構図—日本の戦前・戦中・戦後—』有斐閣，2000年

『中小企業と政策構想—日本の政策論理をめぐって—』信山社，2001年

『日本の政策構想—制度選択の政治経済論—』信山社，2002年

『中小企業の社会学—もうひとつの日本社会論—』信山社，2002年

『スモールビジネスの経営学—もうひとつのマネジメント論—』信山社，2003年

『中小企業政策論—政策・対象・制度—』信山社，2003年

『企業と政策—理論と実践のパラダイム転換—』（共著）ミネルヴァ書房，2003年

『アメリカ経済論』（共著）ミネルヴァ書房，2004年

『通史・日本経済学—経済民俗学の試み—』信山社，2004年

『中小企業の政策学—豊か中小企業像を求めて—』信山社，2005年

『比較経済社会学—フィンランドモデルと日本モデル—』信山社，2006年

『スモールビジネスの技術学—Engineering & Economics—』信山社，2006年

*Economic Development and Innovation: An Introduction to the History of Small and Medium-sized Enterprises and Public Policy for SME Development in Japan*, JICA, 1998

*Small and Medium-sized Enterprise Policy in Japan: Vision and Strategy for the Development of SMEs*, JICA, 2004

起業教育論—起業教育プログラムの実践—

2007年（平成19年）2月5日　第1版第1刷発行

編著者　寺　岡　　寛

発行者　今　井　　貴
　　　　渡　部　左　近

発行所　信山社出版株式会社

〒113-0033　東京都文京区本郷6-2-9-102

電　話　03（3818）1019

FAX　03（3818）0344

Printed in Japan



印刷・製本／東洋印刷・大三製本

ISBN978-4-7972-2479-5　C3334

# 事項索引

## 【あ行】

愛国的精神（主義） 109
アイデア 90,125,148,228,233,235,239,265
アイデオ（ＩＤＥＯ） 175,226,230
IT 26,94,237
アウンサン 258
アカデミックな大学 39
秋葉原 119
あきらめ 44
アジア華僑ネットワーク 106
足立全康 200
足立美術館 200
後知恵 161
あなたがたの会社 32,188,190
アナロジー 126
暗黙知 126
暗黙知創造プロセス 126
家の論理 133
生きる力 45
石井久 121
意思決定 240,244,246
市場（いちば） 63,95
一・五代目系起業家 184
伊能忠敬 259
異述べ 222,224
イノベーション 59,66,90,203,213,222,230,232
井深大 21,138,184,188
いま・すぐ・どこでも 49
いまの若者論 40
移民社会 118
移民層 108
ＥＵ諸国 102
インスピレーション 137
インターネット 12
インターンシップ 53
インドネシア 105,106
インフォーマル・インベスター 22
ヴェブレン 68,71,73,92
ウ・タント 256
内面（うちづら）評価 182
ウッデン，ジョン 158
ウ・ヌー 257
英語力 256
エイサーブランド 108
エキスパート崇拝 235
エネルギー節約（Energy） 775
ＭＢＡ 19,184
エリート教育 56
欧州社会 1
応用教育 251
大原孫三郎 193
おしゃべりの箱（場） 211
驚 き 15
思 い 16
思い込み 195

オン・オフ関係　263
オン・ザ・ジョブトレーニング　166, 196

【か行】

開業率低下　84, 112
会計学　83
会計学的解釈　85
会計・財務論　252
会社更生法　116
会社論理　264
階層的組織　245
階層的組織文化　208
快適人生追求型　31
外発性　208
外部資金　135
外部専門家による評価　181
外部不経済　143
外面化　139
価格要素（価格競争力）　67
家　業　123
華僑起業家　106
画一教育（知識の詰め込み）　46
学習者間のやりとり　214
学習者の相互依存性　214
学習組織（ラーニング・オーガニゼーション）論　209
学習能力　122
学生自身の評価　181
学生チーム　244
学生のフラット型組織　245
学力低下　10, 40
学力論　11
学　歴　44
学　問　47, 49
学力　10, 39, 43
貸し渋り・貸し剥し　117, 203
過剰集積都市　199
過剰人口論　110
型にはまらない　8
型にはまる　8
型認識　130
価値創造　139
学　校　35, 150
学校教育　56, 58, 208, 215
過程重視組織　93
過程優先　93
カード　225
株式会社　85, 87, 88, 89
株式市場　26, 121
科目選択　48
カリキュラム　208
川喜田二郎　225
考える知性　41
考える場　213
環境への配慮（Environment）　74
環境問題　71
観察する　230
間接金融　88, 90
機関投資家　87
起　業　17, 95, 96, 125, 201
起業エンジェルファンド　91
起業家　16, 53, 56, 58, 97, 110, 124, 129, 184, 188

起業家精神　1, 20, 59, 110, 159, 240
起業教育　52, 144, 149, 156, 166, 183, 209
起業教育プログラム　56, 143, 147, 252
起業家経済　123
起業家類型　109, 119
起業形態　84
起業段階専門の経営者　99
起業家像　107, 122
起業家論　184
起業促進　91
起業ノウハウ　134
起業ブーム 52
起業率　100
企業家精神　1, 107, 109, 208, 240
企業経済　123
企業内教育　4
企業文化　264
企業倫理　255
菊池恭三　241, 244
菊と刀　130
技　術　97
基礎学力　39, 158, 215
基礎教育　251, 252
気づき　15
技術開発　90
技術開発系起業家　184
技術革新　109
技術系ベンチャー　23, 29
技術志向　110
技術障壁　114
技術水準　55
技　能　43
木村増太郎　205
義理と人情　131
ＱＣサークル　179
急成長企業　190
教　育（Education）　12, 35, 43, 52, 80, 145
教育投資関数　36
教育プログラム　1, 58, 207
教育目的　154
教師・生徒関係　46
競争（意識）　71, 111
競争心　74
競争性　174
競争力　12
競争論　68
共通目標　248
共同化　128
協働学習　216, 219
協同・協働のフラット型組織　247
教養教育　38
教養主義　41
近代学校制度　152, 156
近代技術　53
近代国家形成　35
勤勉・原資　124
金融（証券）市場　90, 100, 101
金融脆弱性　114
具体化する場　216
具体的テーマ　174
倉敷紡績　195

グループ　228
グループ学習　163
グローカル　33
軍　隊　35
経験を交換する場　213
経営学　82
経営学部科目配当　252
経営学部付属企業　254
経営資源　99
経営実践モデル　250
経営戦略論　170
経営理念　196
経済性（Economics）　79
経済的価値　4,42,139,140
経済的危険度・社会的非認知度　124
経済的要因　200
継続教育　39
形式知　128
ＫＪ法　225
結果・過程均衡　93
結果・過程均衡の重視組織　93
結果重視組織　93
結果への個人責任　214
結果優先　93
ケリー，トム　230,232
ケリー，デビッド　231
研究開発　100,128
研究開発型創業（起業）　91,117
言語能力　188,191
検索ソフト　12
顕示的消費　74
公開セミナー　184
工学・技術（Engineering）　77
工学部（研究室，ラボラトリー）　165
工学（部）教育　166,220
高学歴　101
興業意見　16
工業学校　56
工業立地論　198
講義録　60
工芸伝承学校　53
工場実習　55
高　卒　9
高賃金・高労働条件　101
公的融資制度　112
公的領域　46
行動（実践）による学習　128,175,209
高等教育　36
高等専門学校　40
高度経済成長期　101,199
公募債　87
国産化　185,188
国土の均衡的発展　199
個人（自立・自律性）　20,211,264
個人企業　85
国民意識　35
国民教育　35
国民言語　35
国民生活金融公庫　94
心の教育　45
こころの問題　47

個　性　20, 43, 45
個性重視主義　43
個性重視の原則　44
個性尊重　157
国　家　35
国家論　50
コーチ・教える・導く　164
コーチとしての教師　208, 252
コーチ論　168
コーチング　157
古典派経済学　82
コーポレートガバナンス（企業統治）107, 141
コミュニケーション　169, 177, 183, 245, 248
雇用短期化　208
凝り固まった型　210
コンシューマリズム　39, 49
混沌（カオス）223
コーンハウザー　144, 146

【さ行】

サイエンスパーク　78, 254
債券市場　88
債権者保護　84
最終評価会　172
最低資本金特例制度　83, 85, 86
債務返済能力　84
座学型講義　180
刺身（３・４・３）の法則　193
サボり組　163
サムソン（三星）グループ　104
サムソン電子　105
サラリーマン　52
サラリーマン型ベンチャーキャピタリスト　24, 27
サラリーマン養成所　36, 55
サリム，スドノ　105
サリムグループ　108
産学連携　41
産学連携体験　168
産業組織論　114
自営業　85
ＣＳＲ（企業の社会的責任）198
支援体制　251
資　格　45
私　学　36
視覚化する　230
時間管理　177
事　業　124
事業協同組合　250
事業計画（ビジネスプラン）書　90, 135, 162, 167
事業破産　117
事業報国　105, 108
資　金　97
自己実現型　31, 94, 187, 195, 197
自己実現型ビジネス　94
自己資本　83, 88
自己認識・制御　210
自主的な勉学能力　56
市　場　63, 95
市場開拓　90
市場開拓型起業家　184

市場機構　95, 143
市場経済　69
市場調査（マーケティング・リサーチ）　192
市場的価値　140, 141
施振宏　107
字数制限　187
システム思考　210
時代感覚　122
実学志向　37
実業学校　53, 55
実験計画　167
実験室（ラボラトリー）　168
実現する　234
実験的学習論（コルベ）　220
実　行　211
実行の箱（場）　211
失　敗　175, 224, 251
失敗ＯＫ論　115, 129
実務家出身教員　5
実務教育　38
私的領域　46
指導者　244, 246
自動車国産化　188
指導力（リーダーシップ）　245, 246
死の谷　100
自分らしさ　20, 43
私募債　87
私募社債発行　91
資　本　82
資本金１円　83
資本金規模　83, 85
資本主義論　72
資本障壁　84, 114
資本の運動法則　85
資本利得（キャピタル・ゲイン）　31, 87, 94
資本論　82
社運をかけた意思決定　241
社会性の重要性　214
社会的価値　5, 42, 139
社会的上昇　54, 57
社会的選択肢　54
社会的メカニズム　101
社会的流動性　57
社会論理　264, 265
自　由　10, 203, 262
自由な発想　235
就職指導　47
18歳人口の減少　47
従来型教師　215
従来の教育方法　216
主体的自律性　18
シュッレダー　120
首都圏一極集中　199
呪縛開放型　29
シュンペータ　109
シュンペータ的企業家精神　110
ショー，バーナード　129
松下村塾　151, 154, 157
生涯教育　259
状況対応型　247
条件付事業融資　91
商　才　43

上場企業　190
少数主導型　246
商　店　101
消　費　72
情　報　15
情報アクセス力　12
情報開示　87
情報優位性　12
静脈産業　75
職業中心主義　38
職工学校出身者　53
初等教育　35
所得確保型　100
シリコンバレー　24,113
自立性・自律性　264
新会社法　83
進学率　43
新規学卒労働市場　101
人　材　97,98
新事業創出促進法　83
人的資源管理　177
信　念　195
信用＝無限の繁栄　120
信用指標　84
信用度　86
信用保証制度　111
スタートアップ　23,28,96
スタートアップ期　22
ステークホルダー　198
スハルト大統領　105
スピード　98
スピンオフ　28,195
スマイルカーブ　108
スミス，アダム　82
スモールビジネス　168
生　業　123
成　功　162
成功の後遺症　160
政策金融（制度融資）　91
製作実習　53
生　産　72
政治的要因　199
成績評価　183
制　度　95
制度化された学校　150
政府系中小企業金融機関　88
政府有力者　106
セカンドチャンス性　172
ゼミナール　163,218,219
繊維産業　110
全員参加型　247
センゲ，ピーター　209
先見性　122
潜在能力　184
全体講評　187
選択科目群　48
選択のパラドックス　14
先端技術分野　32
専門コンサルタント　99
占領軍総司令部　120
創業者　265
創造性　262
創造的階級　202
創造的破壊　223

創造哲学　231
即戦力　55
そぐわなさ　2
組　織　211,212,250
組織論　170
卒業研究（卒研）165
外面（そとづら）評価　182
ソニー　138,251
ＳＯＨＯ　118,185

【た行】

ダイエー　185
大　学　4,37
大学院　4,40,180
大学院生　166
大学教育　1,37,51,59,157
大学教員　39
大学の開放化　40
大学発ベンチャー　76,77,81,100,189
大学論　7
大企業　100,101
大企業発スピンオフ型ベンチャー　100
代行的消費　92
代謝作用（Bio-metabolism）　81
退職的廃業率　113
大卒　9
大（大企業）尊小（中小企業）卑　264
大都市所得再分配型地域貢献　201
タイミング　193
大量消費　68,72
大量生産　68,72,243
大量生産・流れ作業（マス教育座学）　208
対　話　210
台　湾　107
高木禮二　120
高田保馬　258
他者実現　197
多数決型　246
立花証券（江戸橋証券）　121
脱サラ（脱サラリーマン）　94
タテ社会　133
種（Seeds）　137
多民族国家　119
多様性　202
知　14,15
地域貢献　198,255
小さな失敗　177
知識経営（ナリッジマナジメント）　148
知識社会（自発性引き出し）　209,261
知識社会論　102,263
知識集約化　262,263
知識集約型産業　260
知識創造　137,223,263
知識創造型学習方法　216
知識創造過程　125,240
知識創造企業　125
知識創造の箱（場）　211
知識創造論　211

知識伝道者（教師） 208
知の荒廃 41
知の社会化 41
チーム 158, 212, 214, 216, 229, 246
チーム・アカデミー（ティーミ・アカテミア） 207, 219, 250, 253
チーム学習 210
チームメンバー 174, 181
チームメンバーによる評価 181
チームリーダー 167
中央政府 199
中間金融 90, 92
中小企業 21, 101, 204
中小企業経営者 96, 190
中小企業政策 111, 205
中小企業政策審議会 260
中小企業庁 112
中小企業挑戦支援法 83
中等教育 36
中途採用 101
長期雇用 208
挑戦してみる場 213
朝鮮特需 121
調達管理 178
直接金融 88, 89, 90
チン・サーンポンパニット 106
罪の文化 131, 133
低学歴者 100, 101
低賃金・低労働条件 101
底辺的雑業 106
テーマパーク化 47
デミング，エドワード 178
店頭市場 87, 92, 190
ドイツ 11
東京帝国大学工学部 185
動機付け 57, 246
洞窟の男 50
道具箱（ツールボックス） 229
投資家 87
動脈産業 75
読　書 257
特許制度 88
徒弟制度 59
土間創業 185
豊田喜一郎 184, 185, 188
豊田佐吉 21, 109
豊田紡織 185
トランジスターラジオ 138
トレードオフ 73

【な行】

内部的チェック 142
内部労働市場化 101
内面的対話段階 126
中内功 184
長瀬富郎 184
ナショナリズム 105, 110
何でも否定すること 236
何でもメモすること 236
ニート 46
日本社会論 130
日本人論 130
入試競争 36
二・六・二の法則 194

ネットワーカー 99
ネットワーク 25, 97, 168, 183, 212
農村部（社会出自） 54
ノウハウ (Know-how) 88, 222, 224
Know-what 224
Know-where 224
Know-which 224
Know-who 224
Know-why 223
野中郁次郎 125, 209, 211

【は行】

ハイテク 128
ハイリスク・ノーリターン 24
ハイリスク・ハイリターン 24, 106
ハイリターン（高報酬） 33
ハインツ 116, 130
博士号 189
破産法 118
馬車馬組 163
恥の文化 130
パートナー 135
バーナード組織論 249
バブル崩壊 117, 203, 204
パルタネン，ヨハネス 207, 216, 251
ハンドオン型起業教育 250
パンのための学問 41
バーンレート 91, 97
ヒエラルキー（権威主義）型組織 209
非価格要素（非価格競争力） 67
飛耳長目録 156
ビジネス (Business) 16, 63, 74, 81, 148
ビジネスエンジェル 22
ビジネス感覚 59
ビジネス教育 4, 5, 42, 149, 157, 170, 192, 209
ビジネススクール 184, 216
ビジネスプログラム 265
ビジネスモデル 137
ビジネス倫理 134
ビジョンの共有 210
必修科目群 47
人・モノ・カネ 200
評価する 230
評価方法 181
評価基準 172
費用管理 177
評論家組 163
肥沃化 223, 240
広島県職工学校 53
広瀬太吉 119
ビンガム，ジューン 257
品質管理 177
ファーストセール 91
ファブレス 78, 128
フィールドワーク 225
フィンランド 11, 25, 76, 77, 98, 103, 189, 207, 261
フィンランド人 80
フェイス・トゥー・フェイス・ブレーンストーミング 238

フォード　116,130
福沢諭吉　175
福原義春　193
普通（ユニバーサル）教育　10
太く短く生きる　27
不平等指標　202
プラザ合意　113
プラトン　50,52
ブランド　95
フリーター　46
不良債権問題　203
ブレーンストーミング（頭嵐）
225,233,235,239
ブログ　238
ブログ・ブレーンストーミング・システム（ＢＢＳ）　238
プロジェクト　169,176,224,250
プロジェクト・マネジメント演習
169,170,171,186,192,246,249
Flexicurity(合成語)　102
米国　86
米国企業形態　21
米国起業文化　129
米国社会　72
米国破産法　116
ベネディクト，ルース　130
変　化　162
返済猶予期間　91
ベンチャー（企業）2,16,21,32,88
ベンチャーキャピタリスト　22,24,99
ベンチャー・キャピタル（リスク資金）　26,31,93
ベンチャー経営者　6
ベンチャー講座　6
ベンチャービジネスラボラトリー（ＶＢＬ）　183
ベンチャーファンド・マネジャー
24
ベンチャー論　2
ポイント制　186
冒険的（投機的）企業　2,22
紡績業界　243
法定資本金規模　87
法律遵守（コンプライアンス）
135,142,198,255
保護的産業政策　106
細く長く生きる組織人　27
ボディストーミング　234
ポリテクニック（アマティコレケアコール）　103
本田宗一郎　22,184,188

【ま行】

マイクロプロセッサー・ユニット（ＭＰＵ）　108
埋没費用（サンクトコスト）　114
前田正名　16
マーケティング論　67,124,252
摩　擦　240
マーシャル　82
マス教育　10,37,39
間違い　161
町工場　101,123

松崎壽　204
松下幸之助　21,184
学び　14,144,209
学び続ける　41
学びの継続　208
学びのサイクル　179
学びの始点　58
学びの４サイクルエンジン　145
マネジメントサークル　178
マネジメント能力　55
マネジメント・バイアウト　189
マルクス　72
見えない努力　182
見える努力　182
ミドルリスク・ミドルリターン　24
宮本常一　60
民僚主義　31
明光商会　120
明治維新　150
メタファー　127
モックアップモデル（擬似模型）
171,229
モデル実践　249
モラルハザード　118
森嶋通夫　258
盛田昭夫　21,184,251
問題解決能力　253

【や行】

やってはダメリスト　135
山片蟠桃　260
やる気　146
有閑階級　73,92
有閑階級の理論　71
勇　気　90
遊戯性　172
優遇税制　111
有限会社　83
ユニチカ　241
要約・要点・結論　187
横山大観　201
予算管理　167
吉田松陰　151
四つのＦ　22
四つの評価　181
読み・書き・そろばん　34
読み・書き・話す　215
世のため人のため　18

【ら行】

ライフスタイル型企業（起業）　94
楽天家　162
理解する　230
リカードゥ　82
リコー　120
リーダーシップ論　170
利潤（剰余価値）　82
李乗喆　104
リスク　20,31,57,89,93,106.115,
124,250
リスクヘッジ　89,106
リスクマネジメント（管理）　167,
178
立身出世　107

理（利）述　222, 224
リノベーション　222
理論化　224
理論化の箱（場）　211
臨時教育審議会　43
輪読会（ゼミナール）166
倫理観（Ethics）79
連結化　127
労働市場　97
労働の流動化　101
露天商　120

【わ行】

和議法　117
わたしたちの会社　32, 190
わたしの会社　32, 190